Sabiduría globalizada del Siglo XXI

Federico Sulimovich

Tratados y Ensayos

Sabiduría
globalizada
del Siglo
XXI

ISBN 978-0-615-93227-9

dedicado a Dios

Este libro es una suerte de resumen de ideas
de las principales religiones del mundo
ordenadas y explicadas
según una estructura puramente lógica
que busca unificarlas.

índice

introducción

Todas las luchas se deben a que cada uno quiere imponer su propio punto de vista, nuestro objetivo es lo realmente verdadero nos decimos, y los beneficios serán para todos por igual si cumplimos las normas y llevamos a cabo los ritos; o sea si adoptamos los medios, si realizamos las acciones necesarias que nos conducirán hacia el logro. Entonces tratamos de demostrar nuestra idea de felicidad con palabras mágica y misteriosamente ordenadas, y si esto no resulta, con armas. Parecería ser que la plenitud fuera distinta para todos, que cada uno tuviera la suya propia, y que tanto crear como matar podrían dárnosla por igual dependiendo de la situación. Observamos además que todos nos sentimos satisfechos con una comida que conseguimos con determinado esfuerzo; parecería también que la satisfacción está allí donde le gusta vernos esforzarnos y trabajar.

Venimos no sabemos de dónde, algo nos creó y nos impele a comer, trabajar, fornicar y morir; sin embargo, distinguimos sensaciones, pensamientos e ideas que nos llenan de entusiasmo y emprendimientos. Llamemos a estas ideas espíritus; Dios ha creado el mundo para que los distintos espíritus, quienes pueden crear su propio cntorno, convivan en un mismo lugar en donde el hombre sea quien juzgue y ponga en acción esas mismas ideas, (aunque el hombre al perder a Dios ha sido arrastrado por los espíritus).

Toda acción se debe a su resultado. ¿Cuál será entonces la acción para ser feliz?, ¿hacer algo con respecto a tal o cual idea?, ¿no hacerlo, o dedicarnos a controlar la idea del vecino? Quienes van tras sus deseos para ser felices y lo consiguen, descubren siempre que hay más, y que lo conseguido fue muy breve, y no los satisface del todo; entonces se vuelcan en un círculo de viciado más y más. Creen que lo que hacen tiene que ser más perfecto para que produzca el efecto, y siempre están haciendo ajustes, pero en realidad, de la plena felicidad solo quedan los rastros iniciales, el tiempo pasa y solo queda su recuerdo. Es por esto que si vemos la felicidad solo en esos objetos y situaciones de deseo, ésta será muy breve cuando se presente. Entonces, hay quienes al percibir esto deciden renunciar a esos deseos, de esta manera suelen seguir haciendo planes para obtenerla pero de una manera opuesta: reprimiendo las ideas y objetos que los excitan, como si desasiéndose de algo constantemente, fuera a aparecer. Y por último están quienes van o no hacia sus deseos con el conocimiento de que aquello no les va a otorgar la felicidad; de esta manera ella se encontrará libre a lo largo de la acción, y no encerrada en la expectativa del resultado a obtener. Se dice de una persona así, que ha superado sus deseos, porque él puede ser pleno y feliz en cualquier momento, no solo en el deseado; no va en busca ni posesión de nada para ser feliz, ni rechaza o se evade de nada, fluye en las acciones que le son comunes y no las rehúye. Es muy distinta la actitud de un adulto y de un niño frente a apetitosas golosinas, si al adulto no le dan, no se pondrá a llorar como un niño que no puede parar de comerlas.

Tanto cumpliendo el deseo como renunciando a él, o superándolo deseando algo mejor, puedo acceder a la felicidad; aunque para cada situación en particular la opción puede ser distinta siempre habrá una de las tres que sea naturalmente la correcta. Por otra parte, si uno busca sentirse satisfecho con uno mismo, solo hace falta sacrificarse en favor de otro; el regalar produce euforia de contento con uno mismo, pero no funciona si agarramos al otro de los pelos después, si no hace lo que queremos.

La búsqueda de la plenitud es la acción que todo ritual representa; pero en realidad el ritual no se hace para conseguirla, sino porque es lo que le gusta hacer a ella en nosotros. Los orientales como se regocijaban al terminar el día de labor, juntándose y tomando té, hicieron del tomar té, que era lo que los reunía en horas de la satisfacción, una ceremonia; igualmente los cristianos con el pan. Pero aunque las formas de la felicidad sean infinitamente variadas, comparten todas, la capacidad de experimentarse y comunicarse a través de ella misma, que en su pureza se pasea atravesando todas las formas y uniéndolas en un solo espíritu santo. Esta común plenitud, que por todos lados se pasea, es el fin fundamental que todos buscamos. Aunque las apariencias indiquen que cada persona tiene su propia felicidad, esta es solo la misma plenitud para todos, vista desde distintos ángulos, que se presenta únicamente cuando la dejamos ser, entonces ella toma su lugar; no es lograda por nosotros. En su presencia, ningún fin deseamos perseguir, pues ya estamos satisfechos con lo dado estemos donde estemos. Esta plena satisfacción que reside en la comunión con todo, puede experimentarse bajo todos los paisajes y pieles existentes, igualmente nosotros la sentimos o experimentamos en tal o cual movimiento, en tal o cual situación, y de tal manera en especial. Nuestras acciones se deben a que buscamos la felicidad en el mismo lugar y situación que antes la encontramos, o si dudamos de nosotros mismos, que nos dicen muy convincentemente que la encontraremos; de esta manera adoptamos una serie de rituales, que se transformarán en los medios correspondientes para obtenerla. El deseo de ella, implica que yo no tengo ni tendré nunca satisfacción hasta que aquello que sí la tiene llegue hasta mí; la misma expresión de deseo revela una condición de vaciedad y un camino a recorrer. La manera de revertir esto, es tomar al deseo como premonición, así ya no nos preocupará tanto, y dejaremos que eso venga a nosotros (algún día).

Y si al lograr lo que queremos no nos sentimos completos, es porque eso que llego a nosotros, tarde nos dimos cuenta que tampoco emanaba satisfacción por sí mismo. Y esto se debe fundamentalmente a que en el proceso mismo de lograr cualquier fin, algo se pierde; entonces nos quedamos extrañando lo perdido, y querremos que todo sea distinto. Cualquier ganancia implica una pérdida; si de repente ganamos millones, o adquirimos súper poderes, seguramente toda nuestra vida de trabajo, hábitos y costumbres pasadas, dejarían de existir, y aunque nos esforcemos en acoplar ambas, ya nunca volverá a ser la misma. Toda ganancia envuelve pérdida esencialmente por el hecho de que en todo devenir siempre algo es dejado atrás, abandonamos un estado para ingresar en otro; pero nosotros no vemos esto tan simple, hay una tendencia a sobre valorar ciertas cosas. Si llegásemos de repente a ganar la lotería y nos convirtiéramos en los más ricos del mundo, seguramente veremos esto como lo mejor que nos podía haber pasado en la vida porque de esta forma podríamos componer lo que está mal y ya no tendríamos más problemas. Pero la verdad es que si lo tomamos de ese modo, nuevas preocupaciones y desgracias nos ocurrirán por esto, y estas serán de la magnitud de nuestra construida fantasías de dependencia. Toda ganancia relativa debe incluir una pérdida relativa, es por esto que los sabios primero sufrían la pérdida por medio de un sacrificio dirigido para obtener así determinadas ganancias; es mejor primero el deber para luego el querer, el trabajar para ganar. Ninguna ganancia es absoluta, pero nosotros no queremos trabajar más, queremos una ganancia absoluta siempre disponible, en donde nada se pierda, ni pueda ni deba costarnos. ¿Es este deseo imposible e irracional de nuestra parte? Según observamos, el deseo y búsqueda de felicidad plena e ilimitada son naturales, como el tallo que busca la luz nos empeñamos en lograrla, naturalmente estamos constantemente en movimiento hacia esa luz. Es de esta manera que en el camino adquirimos una gran variedad de fines y medios y planes para la plenitud; estos deseos de felicidad relativa son imágenes adquiridas por las experiencias vividas, singulares adquisiciones dentro del movimiento, reflejos y destellos que no son esenciales, ni concluyentes. Nada de lo que haga en el mundo puede darme satisfacción plena, automática o duradera, pues todo lo que yo puedo hacer son acciones limitadas sobre objetos relativos, esto nunca puede dar por resultado un absoluto. Entonces, ¿la felicidad, el amor, Dios; son un imposible, no existen? En realidad entregaríamos todas nuestras bellezas relativas por un atisbo de estas cosas, detrás de todos nuestros actos queremos solo esta única plenitud; pero ésta no es algo que se pueda ganar, o concebir como logro alguno. No podemos dejar de desearla, y no podemos hacer nada para obtenerla; ¡sáquennos de aquí por favor! es nuestra primera expresión. Al ver que aquello en que nos afanamos y hacemos no sirve para nada en realidad, que es solo un entretenimiento y da lo mismo, y ya ni produce satisfacción, podríamos continuar haciéndolo por hacer en una frustración sin fin; o volcarnos a otras acciones que no nos comprometan con nuestra desesperanza. Y nos volveremos susceptibles a dejarnos llevar por lo primero que nos prometa un poco de tranquilidad tanto superficial como espiritual. Podemos caer en una trampa y ser manipulados si no sabemos cuál es el verdadero fin de la vida.

No puedo volverme un ser completo y pleno haciendo algo, porque toda acción genera un cambio y en todo cambio abandonamos un estado para ingresar en otro. Por medio de un cambio puedo transformarme en lo más bello, lo más inteligente, lo más poderoso; pero por el hecho mismo de poder hacer lo que queremos, resultará siempre que habrá algo que no querremos; y así divididos seguiremos incompletos. No se puede encontrar la verdadera plenitud a la fuerza, ni mientras estemos dividiéndola por medio de la acción en resultados. La misma ciencia cuánto más estudia más desconoce, en cada descubrimiento un nuevo mundo por descubrir, sin embargo nadie puede abandonar este estudio, este marchar del infinito. Por eso aunque la búsqueda no crea ni genera felicidad; en realidad, sí nos otorga variedad para la extensión de su paisaje.

En conclusión, si ningún medio ni fin nos la pueden ofrecer, debe ser porque nosotros mismos maduramos hacía, de cierta manera, ser esa plenitud ilimitable que en su imaginarse se ha encerrado a sí misma a un objetivo. Nos sentimos terriblemente infelices y no podemos hacer nada para remediarlo pero el análisis de la razón, las palabras de Dios y las experiencias, nos confirman que aquí y ahora está la felicidad misma y es una con nuestro ser. Dado que Dios nos dice que esta en los corazones de todas las cosas, la razón nos dice que el sujeto ningún objeto puede ser, y las experiencias personales más tarde lo confirman. Y si siento que no es así es porque me estoy rechazando; el alma debido a sus deseos se ha encerrado en el cuerpo, entonces sufre su corto punto de vista. Tras de cada fin y propósito lo que buscamos en realidad es solo lo que ya somos, un universo de posibilidades.

Cuando la tristeza aparece, la felicidad se transforma en un mero recuerdo de cuando cobro más viva expresión; impresión de la que en ningún momento puedo desprenderme, como un eco en la cabeza. Pero si en lugar de otorgar la felicidad a esos ecos, la ubico en mi misma disposición, entonces es mi atención su única condición, y ya no tengo ningún motivo para concluir lo que me está pasando como infelicidad, insuficiencia o perdida; porque sufra el cambio que sufra, seguiré plenamente fascinado en la pureza misma con la creación y asombrosamente atento a sus movimientos. Entonces el medio para lograr la plenitud es: "ser la plenitud", no el: "hacer la plenitud"; lo que quiere decir, que no puede haber un medio para lo que no puede ser un fin que nosotros podamos alcanzar, ella nos alcanza y logra a nosotros cuando ella quiere, y por sobre todo cuando nosotros le damos espacio. Si adoptamos acciones para conseguirla seguramente obtendremos un resultado, y en ese momento demos el espacio necesario, pero en cuanto el resultado desaparezca, mi plenitud también lo hará y terminaré haciendo siempre lo mismo por creer que la plenitud es solo eso. Si ya soy la plenitud, debo confrontar este engañoso deseo o sufrimiento que la cubre y contemplar el cambio, el movimiento que se presenta; el hecho de confrontar este conocimiento en cada lugar que nos encontremos disminuye el sufrimiento. De esta manera, con la verdad de nuestro lado, podemos enfrentarnos a lo difícil, doloroso y problemático, y transformarlos en soluciones.

Si por otra parte concluimos que la felicidad no existe, tampoco existiría el sufrimiento, que es las ganas de ella; y si tampoco existiese el sufrimiento, entonces nos encontraríamos frente a la existencia pura, y descubriríamos que ésta es plenamente ilimitada. No podemos esperar que todo en la vida, aunque sea plenitud, sea placentero; el placer entra en la esfera de la construida personalidad, nada tiene que ver con la verdad, lo placentero y lo no placentero, son como las dos caras de una misma moneda. Si estamos temerosos de enfrentar las situaciones y asumir las acciones y responsabilidades, éstas se transformarán en el problema, lo difícil, el esfuerzo, lo no placentero; y si las seguimos evitando provocarán un conflicto, una crisis. La mayoría de nosotros tendemos a dejar lo difícil para después, hacemos primero lo que nos gusta, y si podemos posponer definitivamente el esfuerzo mejor; pero esto solo agranda el conflicto. Si nos decidimos a enfrentar las situaciones desagradables, tendremos que tomar una decisión para dirigirnos, y aunque nos hayamos equivocado en nuestra decisión, pues la vida es prueba y error, habremos aprendido algo nuevo, y de esta manera habremos crecido. Si enfrentamos lo no placentero primero, veremos que no nos dolió nada, que en realidad era más el temor de enfrentar la situación que la situación en sí. De esta manera, luego del esfuerzo, accedemos posteriormente a regocijarnos con el resultado, y descubrimos más adelante que no hubo tal sufrimiento; que solo hay situaciones en donde uno es llevado hacia lo desconocido, y que al posponer esto se originan las crisis que llegan muchas veces a ser violentas. Todo esto por querer más de ese placer relativo que necesita ser alimentado y cuidado con trabajo relativo que deseo evitar. La felicidad, a pesar de todo, siempre encuentra un hueco por donde asomarse y llenarnos de sí. A pesar de que no existe, es inevitable.

Originalmente solo Uno

éste se dividió a sí mismo en dos
enfrentándose a él mismo
creando el espejo para mirarse
para tocarse
para olerse
para gustarse
para escucharse
para sentirse
para pensarse
para oscurecerse
para iluminarse
para bailar su danza incesante
y jugar a perderse para luego encontrarse

El uno se mira a sí mismo
este enfrentamiento origina espacio relieve
distancia entre él y él mismo

esta distancia o división es solo aparente
es una apariencia, una forma que adopta voluntariamente
por eso en cada una de sus apariencias o formas esta siempre él.

Él sale de sí mismo para llegar a sí mismo
gira sobre sí mismo generando movimiento
y en ese movimiento crea momentos de sí mismo.

Como un bailarín que adopta distintas posturas
partiendo del reposo al movimiento
y del movimiento al reposo.

Surge así la imaginada diferencia
entre una forma y un contenido
un yo y un aquello, el que ve y lo visto.

Él va y viene de vos y de mí. Tanto vos como yo, como tenemos la misma capacidad del uno porque somos el uno; lo imitamos y nos dividimos interiormente igualmente como lo hizo él. Creando y confrontando sensaciones y pensamientos, acciones y resultados, sueños y realidades, pasado, presente y futuro, éxitos y fracasos. Así están compuestas todas las formas y apariencias de las más pequeñas y simples a las más grandes y complejas.

El uno sabe que estas dos formas son él mismo, entonces no hay conflicto. Apreciar que vos y yo somos el mismo ser a pesar de vernos definitivamente distintos nos completa. Pero para que esta creación sea un poco más entretenida, sus propias formas se sumergen en el olvido de todo su ser para redescubrirse con el tiempo bajo cierta experiencia, todo está preparado para esto.

Quien no se reconoce en el uno, distingue primariamente dos aspectos en la vida: Yo y lo que no soy Yo, el mundo; y dentro de cada uno, lo que nace y lo que muere como extremos. Si prestamos atención a lo que nace, sentimos contento, si atendemos a lo que muere sentimos tristeza; todo en sus distintas amplitudes. Éste es el hábito más generalizado en esta dimensión, pudiendo ser lo que nace y lo que muere cualquier cosa, desde una persona a un objeto, una idea, un proyecto, un sentimiento, etc. De esta forma vos y yo adoptamos las primeras cuatro posturas y giramos alrededor de ellas:

-Siento tristeza y pienso en mí
(Creo estar en un error;
no sé cómo puedo ser así, tengo que cambiar).

-Siento tristeza y pienso en el mundo
(Adjudico el origen del malestar al mundo
y me dan ganas de hacer justicia).

-Siento contento y pienso en mí
(No hay nada mejor que yo,
el creador del contento).

-Siento contento y pienso en el mundo
(Completamente apasionado).

Es indiferente a que aspecto prestamos más atención en nuestra vida, uno no puede vivir sin el otro, el nacimiento y la muerte se funden mutuamente, el conocimiento y la ignorancia se crean uno a otro, somos vos y yo que nos turnamos y los representamos.

Así, alternativamente me ubico en uno de estos cuatro estados posibles, rechazando los otros tres como exteriores y percibiéndolos en las tres dimensiones que habitamos. Nuestro ser separado se

17

mueve en torno a sólo estas posturas, identificándose con una en especial y rechazando la opuesta a lo largo tanto de un día, como de la vida.

Hay dos caminos para trascender esto: el Yo reniega absolutamente de cualquier identificación (niega toda afirmación); o el Yo reconoce en sí a la postura opuesta (afirma toda negación). Así, al confrontarse o aceptarse, puede uno ver que ambos estamos contenidos en la tercera persona: el Verbo; y que los tres nos movemos agradablemente de unos a otros, confundiéndonos con y en el movimiento y adquiriendo un estado de dimensiones oníricas nuevas de siempre. Vos podes ser la persona que te guste, el dios que te guste, o lo que es.

La lógica del místico

*A*lgo hay que hacer, no puede ser que no se cumplan nuestros deseos siendo aquello tan vasto, combato un sufrimiento que yo mismo presto atención constante y lo hago más incomprensible e insolucionable… Parece que surgió este nuevo pensamiento… Me parece que cada vez que quedo en puntos suspensivos es cuando siento para luego volver al pensamiento; como cuando aprendemos y nos damos cuenta de algo y exclamamos: "Eureka!!!", y surge el conocimiento de esto que sentimos y de aquello que vemos. ¿Podré usar ese conocimiento para algo?… así mi pensamiento crece y me complica la vida, por suerte ese sonido en la cabeza desaparece cuando realmente lo enfrento, aunque aparezca al rato con algún comentario. En los momentos de felicidad y plenitud, el pensamiento parece estar en silencio, presenciando. Esa presencia… que cuando pierde su pureza, o su unidad, piensa en eso que sintió o vio: Bienaventuranza y Ser.

Y la mayoría de las veces nos encontramos pensando en el bien y en el mal, en la búsqueda del fin de la búsqueda, y en por qué eso que me gusta no puedo ir y tomarlo. La verdad es *que sí puedo, solo si estoy dispuesto a pagar el precio. ¿Y por qué las cosas que fluyen en el universo tienen que tener precio? El vasto universo dispone de sí mismo las cosas más absurdas, si yo no sé ni qué soy, ¿cómo voy a saber de precios, y menos de leyes del universo?...*

La vida es interacción constante con aquélla naturaleza que está siempre con nosotros, surgida de lo desconocido.

El pensamiento cumple una función discriminatoria, compara lo conocido en su archivo de memoria, la porción del ser que ha adoptado para sí (tesis), con eso nuevo que ha surgido (antítesis), desconocido hasta el momento; establece la relación de acuerdo a sus experiencias vividas, y adopta lo nuevo o mantiene su postura. Y según las proporciones de esto se integra (síntesis), generando un cambio, una dirección hacia donde se puede ir o quedarse, siempre dejando cosas atrás. Va recortando y moldeando, con lo que más puede rescatar de esos preciosos flashes mágicos, su felicidad. El artista de la vida va y viene, dando y tomando, aceptando y rechazando, tiende a asociar disociando y a disociar asociando. Observamos que lo que realmente y únicamente puede hacer es negar o afirmar experiencias preexistentes y convertirlas en otras, actuando como un filtro. Si no lo hace entonces queda en silencio dando paso al sentir.

Y el sentimiento es como una vibración, una fuerza, que con el mismo mecanismo de los pensamientos sólo parece ir y venir en muy variadas intensidades, expandida o contraída, dilatada o condensada, agradable o desagradable, atraída o repelida; dando así sentidos a las distancias, a las formas diferenciables, a aquello que nos rodea: la materia. Y ésta es también sólo luz y oscuridad que va y viene y que contiene un arco iris multicolor que me llama mucho la atención, voy a ver...

Y compruebo que cada vez que digo "si" a aquello, rechazando esto, doy a ambos la misma intensidad de realidad con aparentemente distinta dirección. Con el mismo impulso usado para ir hacia aquello, empujo y dejo esto; siempre que voy para adelante, todo lo demás va hacia atrás. Y cuando se pone demasiado énfasis, demasiada fuerza en uno de los polos, se provoca la reacción del opuesto; que pudo ser dejado atrás, pero de repente algún día volverá a aparecer por delante.

Solo del acercamiento y acuerdo que surge entre uno y otro, entre la fantasía y la realidad, brotan verdaderas imágenes de sentido, se constituye, nace el Ser; que puede ser tanto objetivo y material o subjetivo y fantasioso. Al principio, en la juventud, para uno Dios es una fantasía con sentido que trata de imaginar, sin embargo, de alguna manera luego será más real que la realidad; ya que llegará el día en que lo sostenido limitadamente hasta este momento como real habrá desaparecido. Es por eso que ser realista y objetivo es imposible; la realidad de la materia nada es sin el subjetivo, sin mí. Entonces que yo sea pura fantasía y la materia la realidad, o que yo fuera la verdad pura y el mundo una ilusión, parece ser solo una cuestión de que bando filosófico escoger.

La realidad es a la fantasía, como el marido a la esposa, el pensamiento es al sentimiento, el sujeto al objeto, y como la luz a la oscuridad. Es un juego de roles opuestos, donde es todo uno mismo de distintos ángulos para el que absolutamente todo lo contiene y nada es. Ya que si Dios es todo, por lo tanto es luz y también oscuridad. Es por esto que se infiere que ha dado en su libertad permiso a quien quiera para irse bien lejos de él, hasta donde ni se lo ve ni se lo escucha; así nacieron las sombras y los relieves planetarios que se pierden por esas apariencias y que ruegan a Dios no los deje sufriendo por alejarse.

Si uno puede contemplar a la vez lo que va para adelante y lo que va para atrás es eternamente cambiante, se trasciende en el fluir del verbo que los abarca a ambos y nunca muere; aunque por naturaleza solemos concentrarnos en solo una de estas dos direcciones. Junto al río, viendo agua que viene y va constantemente, ¿de dónde viene y a dónde iría? Si yo siguiera esa corriente vería que su trayectoria no tiene principio ni tiene fin, no viene ni se va, solo sufre transformaciones; y siendo propiamente cíclica, gira sobre sí misma. Sólo tiene principio y fin desde donde estamos parados. El fuego y el agua se unen en la vida para sumergirnos en la corriente y llevarnos hasta el mismo momento en que se encuentran y estallan en truenos de dádivas. De esta manera siguiendo el ciclo, como a ser nubes los muertos en sueños se elevan, se aglomeran, se condensan y cuando están saturados se precipitan en la acción otra vez.

Todos tendemos a mirar hacia la luz y dar la espalda a la oscuridad naturalmente; pero una vez que nos llenamos de luz y saciamos con ella, nos inclinamos a volver al opuesto. Muchas veces querremos iluminar la oscuridad con "nuestro" nuevo poder, resolver el agujero negro con nuestra antorchita.; terminando inevitablemente exhaustos y en el rincón más oscuro hasta quedar completamente dormidos... y habiéndonos transformado en la misma oscuridad, de esta manera traspasarla y despertar. Entonces tendremos que encaminarnos de regreso hacia aquella luz que quedo tan atrás, con la posibilidad de perdernos en el camino y la decepción de que las tinieblas no quisieron seguirnos; así giramos incontables veces. Además todo esto se agrava, cada vez que en la gloria de la felicidad tomamos alguna cosa para nosotros mismos, ya que si tomamos aunque sea solo vida en el chispazo, deberemos morir devolviéndola. Y todas las cosas reaparecerán exigiendo por esa luz encerrada en nuestro puño, reaccionando de acuerdo a lo que les hayamos ofrecido cuando obtuvimos el botín de las dádivas.

Toda gloria termina, y cuando volvemos a mirar hacia adelante, nos encontramos con lo impensado y desconocido, que provoca un vacío, un sin sentido. Porque por mirar demasiado eso que nos gusta, perdemos de vista esto que se nos viene encima y lo llamamos ignorancia, sufrimiento, trabajo, deber. Conveniente sería dejar pasar aquello tan bueno, sin agarrarlo, sin engordarlo, sin crear dependencia; dejar que la corriente se lo lleve y volver la vista hacia lo que viene, y no hacia lo que se va, que es lo que nos hace sentir peor que mal. Porque cuanto más nos aferramos, más largo y doloroso será el camino; dedicarnos a atender lo desconocido, hacer lo que no nos gusta, el oscuro deber, el esfuerzo, el trabajo; nos garantiza que en cuanto nos encaminemos veremos lo bueno venir acercándose una vez más. Sólo si somos inseguros o mezquinos, nos aferraremos a las glorias y veremos el vacío tan inmenso y aterrador que tendremos que ocultarlo, llenarlo, cambiarlo; negarlo todos los días para no mirarlo. Aunque este trecho sea el camino que nos falta atravesar para llegar justamente a donde el fuego y el agua, esta tierra de sensaciones y este cielo de posibilidades se encontraron, separaron, dieron una vuelta, se miraron bien... y se volvieron a juntar en la chispa de Dios. Luego como nuestros deseos son órdenes para Dios, en la sangre del hombre, el surgimiento de una nueva corriente. La vida se ha abierto para que podamos realizarnos y cosechar el sacrificio de lo que pasó, indicando de ésta manera hacia donde nos dirigiremos de ahora en más. Entonces de acuerdo a nuestros verbos elegidos daremos ¡una vuelta más!

Cualquier aspiración ya sea el saber, la paz, el placer, la santidad, el arte, el dinero, la ciencia, la trascendencia, el espíritu, o lo que sea; es igualmente "búsqueda" y su realización conlleva un sacrificio y un punto ciego. Para obtenerla hay que desprenderse de ella y ponerse a trabajar; para dominar cualquier arte hay que comenzar realizando gran cantidad de tediosos ejercicios qué nos inhabilitan para atender otros. Sabio es el que primero no sabe, así aprende; y cuando aprende, se da cuenta de todo lo demás que no sabe. Para que sea de día en el planeta del placer deberemos primero llenarnos de energía durante su noche; para obtener al objeto de nuestro amor, primero debemos decidir olvidar por el momento nuestro fantasioso deseo, y solo atender a su fuente, su necesidad, a lo que debe hacerse, su dios. Al objeto del amor lo obtiene quien al posponerse es racional y objetivo en su visión, por eso es amado. Lo vacío y lo lleno, la razón y la pasión, el tono y el silencio son inseparables; esta es la razón de la famosa sentencia que siempre se niega a sí misma: "lo que es, no es, por eso se dice que es". Esta sentencia fue usada por muchos maestros, y su efectividad está en frenar el discurso y situarnos donde estamos parados; aunque estar parados se deba a no poder estarlo, y por eso mismo estemos parados. Tener en cuenta de que realidad partimos... o si nunca partimos.

Si nos observamos atentamente veremos que vamos de una afirmación a una negación en diferentes etapas de ciclos. En un solo día el pensamiento niega y afirma incontables veces, mientras que similarmente a lo largo de un día nuestro humor va pasando de uno a otro lado. Hasta las mediciones cerebrales nos muestran estos ciclos: En una mente activa que está realizando cálculo, para lo cual salta del afirmativo al negativo con mayor frecuencia, los ciclos son de 14 por segundo (estado "Beta"); en la mente relajada, contemplativa, de 8 a 13 ciclos por segundo (estado "alfa"); antes del sueño 4 a 7 ciclos (estado "theta"), y durante el sueño de 1/2 a 6 ciclos (estado "Delta"). Así tenemos ciclos diarios de afirmación y negación, tenemos ciclos mensuales, anuales y hasta grandes etapas; y absolutamente todos tienen el mismo funcionamiento. Somos como una gran cadena de contradicciones.

Para sostener la primera mínima afirmación o negación, hay otra más grande y abarcadora a la primera, luego hay otra más abarcadora todavía, y así llegamos a plantearnos qué es lo que realmente

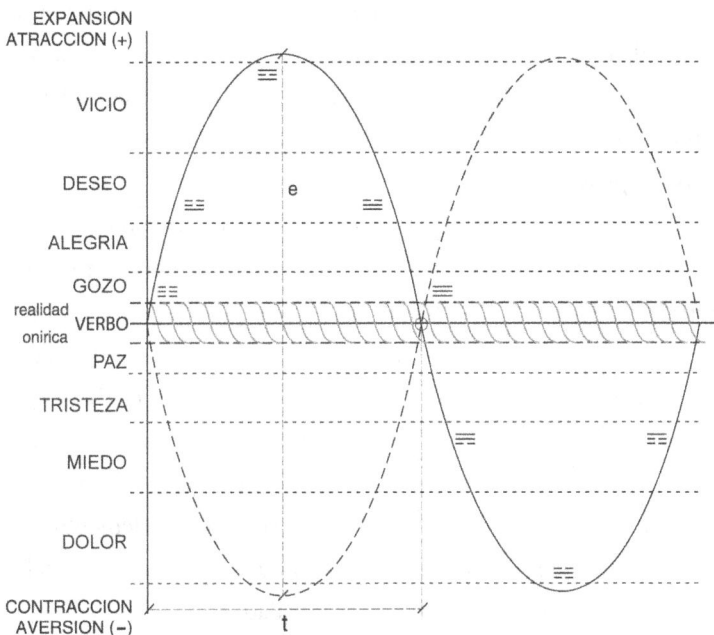

EXPANSION
ATRACCION (+)

VICIO

DESEO   e

ALEGRIA

GOZO

realidad
VERBO
onirica

PAZ

TRISTEZA

MIEDO

DOLOR

CONTRACCION
AVERSION (−)   t

—————— PENSAMIENTO CONSCIENTE
(SUJETO) (YO)

— — — INCONSCIENTE
(OBJETO) (MUNDO)

e   ESPACIO Y DISTANCIA ENTRE YO Y EL OBJETO
(Dentro de este espacio se distribuyen todas las cosas)

◯   PUNTO EN EL QUE TODAS LAS COSAS SE UNEN

t   TIEMPO TRANSCURRIDO DEL DISTANCIAMIENTO
ENTRE SUJETO Y OBJETO

☷ ☶ ☵ ☴ ☰ ☱ ☲ ☳

SIMBOLOGIA EXPLICADA EN EL GRAFICO DE LAS MUTACIONES

queremos cuando negamos, o queremos cuando afirmamos. Tendemos de esta manera a crear "síes" absolutos y "noes" absolutos,
pero lo que realmente pasa cuando digo Si, es que se genera algo
o alguien que con la misma fuerza, y esperando su oportunidad
dice No; y si digo No me perseguirá el Sí, y todo por el verbo en
juego. Aunque ambos personajes sean de naturaleza opuesta, tienen su punto en común en aquello que los une y los divide para

el desarrollo de sí; todo problema grave se basa en la intención de propiedad sobre aquello. Discriminamos sobre la base de un primer elemento en común que mantiene la unión; así se completa la triple realidad en todos lados presente: primera, segunda y tercera persona: el verbo, vos y yo.

Podemos entonces crear un gráfico matemático contemplando el ciclo de solo este rígido patrón de tres dimensiones que crea cada verbo y hacen a la vida humana. Una curva que represente al consciente, que puede expresarse a través del pensamiento, el sentimiento o la materia (de mí, de vos o de él/ella), depende a cual atienda, o podemos decir, esté tomando conciencia en ese momento; y otra curva que represente a su opuesto en el desconocido inconsciente del ser. En medio de estas dos, se ubicaría un tercer elemento que en realidad es el primero, y es el hilo conductor que une y abarca las curvas; este representa al verbo, a la felicidad, Dios.

Tanto el pensamiento como el sentimiento y el mundo se rotan estos tres estados: positivo, negativo y neutro; ya que la felicidad suele presentarse neutra cuando lo bueno y lo malo aparecen, estos giran sobre ella. La unidad de Dios se ha sacrificado, y la alegría, apresurada se cuelga la medalla de la felicidad de un solo instante y quiere hacerlo su vida entera y eternizarlo (valla perdida de instantes). Una curva es la fantasía y la otra la realidad, una curva representa al sujeto que observa y la otra al objeto observado, a mí y al mundo. La distancia entre las dos curvas es el campo que abarca toda nuestra vida, espacio entre el Mundo, Dios y Yo.

El pensamiento dirige la fuerza utilizada para moldear el mundo. Cuando nuestra persona está dominada por la fuerza del sentimiento (positiva o negativamente) y obra según ella, hemos relegado el pensar, entonces éste se ubicará en el exterior reclamándonos el equilibrio perdido a través de otra persona o situación determinada pidiendo definición, decisión, claridad, conocimientos. Por el contrario, si nuestra persona está dominada por el pensamiento, entonces el que reclamaría sería el sentir, pidiendo soltura, libertad, amor. La Razón y la Pasión usan de la materia, que somos todos nosotros, para relacionarse.

Hasta una discusión cotidiana con otra persona revela esta lucha interna, si trato de convencer a esta persona de algo diciéndole: "esto es así si, si, si", y esta persona me contesta "no es así porque no, no, no", y los dos insistimos en convencer al otro; es porque en realidad ninguno de los dos está contemplando la totalidad. Si la realidad es como digo, obraría en consonancia sin entrar en discusión, ni siquiera tratar de convencer, pues sería lo natural, el bien de ambos. De todas maneras, cuando convenzo al otro de mi afirmación, queda flotando cierta inquietud por la negación perdida; para manifestarse con el tiempo en algún otro evento que aniquilará lo antes afirmado, ya que lo aceptado como verdad hoy, puede no serlo mañana. Así seguiremos hasta qué no reconciliemos los opuestos y aceptemos lo relativo de nuestras afirmaciones.

A la vez que se genera una afirmación en la conciencia surge, no antes ni después sino al mismo tiempo, la negación en el inconsciente; aunque sólo por un determinado período, dado que puede ser inconsciente para nosotros, pero consciente para quien confrontamos, uno no puede estar antes que el otro porque ambos se inter-penetran. Nosotros vivimos primero lo bueno y luego lo malo y lo bueno y lo malo y así... pero el día y la noche surgen al mismo tiempo en cuanto pongo un planeta a flotar, o cualquier otro cuerpo en acción. Si nos identificamos con parte del cuerpo sufriremos el día o la noche, si nos identificamos con todo el planetario cuerpo, el día y la noche no nos afectarán, pero si nos identificáramos con el sol y el espacio todo sería distinto; seríamos el que camina y lo caminado.

Aquello que destaco, de lo que hablo, a lo que presto atención, tiene su fuente en el Verbo que une y divide a la vez; y en base a éste nos será dado algo en respuesta, proveniente de aquello que no controlamos de ese mismo verbo. Por esto mismo, compensar nuestras malas opiniones con buenas cada vez que aparecen, es saber ver el comienzo, desarrollo y fin de cada verbo, y saber que su bien y su mal rota entre nosotros dos. Es por esto que si la boca habla del bien o el mal de los demás, con el tiempo pasaremos nosotros a ser eso que opinamos; y si hablamos del bien o el mal nuestro, luego contagiaremos a los demás y aparecerá uno mejor o uno peor. Es natural hablar del bien, la virtud y el amor, pero es ignorancia y puede ser perjudicial aumentar la presión y andar pregonándolo hasta arrastrar por el piso los oídos de quien nos escucha, y encima sentirnos mal por no ser escuchados. Si por ejemplo decimos que la vida es para tener una pareja, hijos, plantar un árbol y escribir un libro, y que todos debiéramos buscar una para asentarnos, y si es rubia, famosa y con dinero mejor. O si dijéramos que es para seguir las reglas de un libro o una tradición; en cualquier caso estaríamos sobre-afirmando al amor, y dándole una forma, definiéndolo y moldeándolo según nuestra fantasía o nuestra memoria; tal vez como aquel sentimiento que con solo recordar cuando se presentó podemos resurgir. Pero si estamos atados a sus imágenes y a sus espasmos de emoción, estamos limitando a nuestro capricho al amor que está en todos lados presente, y de quién todas las formas son. Lo deseado nos hace sentir bien sólo en el momento de desearlo, cuando lo obtengo queda un cierto vacío... que tal vez sea llenado con otra búsqueda.

Si paseamos al aire libre, y encontramos en el camino un paraje que enmarcado como un cuadro nos impacta y nos encanta, seguramente nos darán ganas de ser parte y hasta dueños de ese maravilloso paisaje. Pero cuando llegamos al lugar no encontramos nada en especial; encontramos que en realidad se veía o se sentía más grandioso desde donde lo vimos la primera vez. Lo mismo pasa con las personas y las cosas; nos enamoramos primeramente de un hombro, un pliegue, un contraste, brillo, reflejo, una frase o movimiento, luego... todo puede ser posible.

El pensamiento parte de su más intensa felicidad, el ser se divide en lo que se le va presentando y aquella felicidad, luego conforma en su intrincada red de posibilidades aquella experiencia que la pueda expresar, o lo pueda llevar hacia ella una vez más; ya sea una situación, otra persona o algún objeto. Imaginamos con todo nuestro posible libre albedrío, obtener la felicidad; ¡fascinante! De esta manera afirmamos una gran serie de cosas de las que gozamos al tenerlas cerca; observamos lo que nos pusimos en frente, nos gusta, es placentero, gozamos afirmando. Después de esto podemos tomar dos caminos, o aceleramos el movimiento y nos ponemos alegres con eso que confrontamos, o nos mantenemos en el gozo y dejándonos llevar por él pasivamente, en lugar de subir al estado alegre, descendemos dentro de nosotros. Este descender de la afirmación, es la aceptación de que todo es efímero y transitorio, y es el volver al opuesto; que al tenerlo en cuenta nos devuelve a la unión, la felicidad; para posteriormente sentirnos en paz. Pues la tranquilidad es el sentir opuesto al gozo, por ser de su misma intensidad, y porque a diferencia del gozo que afirma algo, la paz es un sentimiento de descanso de las cosas, de retiro momentáneo, de suave negación de las cosas. Uno en la tranquilidad es pasivo, se retira, y en el goce activo, va por ello; los dos son los primeros sentimientos que surgen luego de algún momento de plenitud y felicidad.

Cuando la realidad y la fantasía se acercan más a Dios, se mezclan de tal forma que la materia rígida se ablanda y da paso a que algo de lo más sutil y libre como es la imaginación se exprese; es el mundo de los sueños. Pero el mundo onírico tiene sus propias reglas y no siempre lo bonito se manifiesta, porque aunque son conciencias más cercanas a Dios, todavía no se les unen; y algunos disfrutan manifestando cosas horribles sólo porque ahora saben qué no existen en realidad, disfrutan de ellos como de una película. Podríamos vivir en ese mundo onírico, pero volvemos a la conciencia humana normal por amor a la duración en el tiempo de estos primeros sentimientos, que son el placer y la pacifica satisfacción. Uno primero goza con su afirmación del amor; y luego, ya es suficiente, se retira de la afirmación y descansa en la tranquilidad, que momentáneamente niega o se abstiene de amor, o de eso que simbolizamos como tal, para estar satisfecho y volver a sí mismo; y de esta manera retornar más tarde a la afirmación. Así, generamos una curva que no se expande más que del gozo a la paz, la distancia que ponemos frente a lo que confrontamos es mínima; cuando yo gozo, quien está frente a mi está en paz, y cuando yo estoy en paz, goza. La sabiduría de los ancianos se basa en haber obtenido esta tranquilidad en la vida.

A cada sentimiento le corresponde un contrario que se manifiesta a través del mundo de ideas o de cosas que confronto, teniendo la capacidad de intercambiarnos estos sentimientos en cualquier momento a través de la mutua comunicación.

Ahora, si tomamos el otro camino será porque este gozo sentido no nos basta, dulcemente entusiasmados nos ponemos alegres, demostramos vivamente nuestra afirmación y nuestro pensamiento unilateral engorda de euforia y alegría. Quién representa a la alegría confronta a la tristeza, si hay alguien que está más algo, habrá siempre otro que esté menos algo; se generan mutuamente. En la misma alegría se genera más tristeza, así como toda ira y cólera fueron acumuladas por nuestra excitación, y toda vergüenza es descubierta por su excesiva curiosidad; esto no se tiene en cuenta en la vida cotidiana. Esta afirmación alegre puede saciarse y dar un vistazo al otro lado, y al acercarse más, abrazarlo en la plenitud, para luego sentirnos tranquilamente satisfechos. Pero suele ocurrir luego de tanta alegría, que ese retirarse que genera la tranquilidad se acentúe, provocando que el Verbo, o la acción emprendida, o digamos el amor, no responda; se ha alejado y lo extrañamos, nos entristecemos, perdimos aquello en que lo recordaba y reconocía, y a falta de razón, comenzamos a negar más enfáticamente, entonces concluimos que no hay ningún Amor. Aquello que sentimos una vez, no podemos volver a sentirlo; negamos aquello que antes habíamos afirmado, ¡y todo esto contra nuestra voluntad!, pensamos. Cuando por fin nos hastiamos de tristeza, entonces la negación disminuye, ya no importa, no puede ser que esa situación nos tenga en este estado deplorable. Así nos tranquilizamos, y de nuevo inmersos en la paz, ella misma nos satisface en la aceptación... y luego volvemos nuevamente a gozar pensando en cosas que nos gustan, y así empezamos otra vez.

Pero la negación puede enfatizarse más aún: "el amor no volverá nunca más, voy a perder esto o lo otro que me lo da, no puede ser, algo tengo que hacer"; comienza el miedo. Hay alguna cosa que está contra el amor y a todos nos lo quiere quitar; esto puedo atribuirlo a alguna otra persona, situación, o a algún complejo propio que lo imposibilite. "Algo atenta contra mí, hay algo que es extraño, que creo distinto de mí y me lo quiero quitar de encima y eliminarlo cuanto antes". Es el turno de la desesperación generada por la ambición desmedida de la vanidad, es la noche del exceso de estimación propia y de la avaricia. Si esta negación se acentúa se volcará en dolor, y sólo cuando nos llenemos de él, volveremos la mirada a aquello superior confesando impotencia; y volveremos a empezar.

Así como se va del gozo a la tranquilidad, se va del miedo al deseo. Uno afirma y se abalanza sobre aquello que quiere, y el otro niega y se aleja de aquello que atenta contra él; pero los dos son de la misma intensidad y por eso los encontramos mezclados. El deseo acecha por el miedo que tiene de verse sin eso, y el miedo si huye, es por el deseo de seguir viéndose con eso; de esta manera se complementan y giran en torno al verbo que elegimos. Si siento miedo, algún deseo anterior lo habrá generado, pero en el presente éste estará representado por un objeto que me confronte y vaya a querer algo de mí. Puede desear mi cura, mi bien, mi reacción, puede desear mi energía, mi amor, mi vida, todo depende de la intensidad del deseo; y si éste crece llevará a la persona a la obsesión, al abuso, a la adicción y al peligro. Entonces, en un futuro el miedo crecerá también para esta persona, y engendrará desesperación, dolor y enfermedad.

Si genero sentimientos demasiado positivos por alguien es porque me estoy subestimando, y este sentimiento negativo se lo estoy entregando a esa persona. Y esta persona lo percibe y lo cambia a positivo porque puede hacerse cargo fácilmente de nuestro malestar; pero muchas veces la otra persona no puede porque nuestras afirmantes expectativas son demasiado para ella, y nos desilusiona o sale huyendo de nosotros.

Si decimos no, nuestro inconsciente dice sí, y si decimos sí, nuestro inconsciente dice no; generando la curva inversa, creando la distancia real entre la inconsciencia y la conciencia, entre el mundo y el yo. Cuando la curva comienza a abrirse, este distanciamiento generado entre nosotros y el mundo al principio es agradable, pero cuando se acentúa y vemos aquello tan lejos nos desesperamos. De esta manera cuando la curva luego de haber llegado al tope de la afirmación comienza a descender, en la persona que antes estaba dominada por el entusiasmo aparecerá poco a poco el tedio y el cansancio. Puede ser también, que sintiéndonos bien, comencemos a pensar en lo que no está bien y queramos o tengamos que cambiar; o puede pasar que pensando en lo que nos gusta, ya no nos sintamos tan bien, esto pasa a fin de equilibrar la balanza. La afirmación que ocupaba a la persona comienza a salir de ella y a ubicarse en el mundo, y la negación que antes estaba en el mundo comienza a llenar el espacio de la persona, la curva desciende hasta quedar la persona dominada por completo por la contracción; así es como el mundo comienza a crecer. Pero por más negativos que lleguemos a estar, llegará el momento en que comenzarán a surgir pensamientos de lo que nos atrae, o ya no nos sintamos tan mal con eso que nos molestaba anteriormente. La curva aunque continúa en la negación comienza a ascender, hasta que vuelve a la equilibrada felicidad de la aurora, la tercera persona, aquí los principios luego de unirse se invierten y vuelven a tomar distancia. Es cuando contemplamos al opuesto y lo aceptamos tal cual es, que logramos el equilibrio y volvemos a empezar. Esto es el día y la noche, es la naturaleza, no podemos ir contra ella porque es como nosotros realmente elegimos ser. Aunque cuando somos felices no nos importa, o ni siquiera sabemos si sabemos; y cuando sabemos cómo funciona lo único que nos queda es dejar de ser tan obcecados y comprender que niegue lo que temo, o afirme lo que amo como absolutos, es falso, o tan real como yo quiero que sea. La verdad y lo importante, son por sí mismos lo prístino y esencial, no necesitan para nada ser logrados ni defendidos, dado que están en todos lados.

Esta serie de negaciones y afirmaciones de la mente nos llevará a determinar qué es lo que creemos que somos y lo que no somos. Así, al concentramos en el verbo Ser, somos todo lo existente y no somos nada de todo esto; si es que giramos libres y completos sobre él. Pero al dividirnos decimos: "este cuerpo soy yo y ese cuerpo de ahí es otra persona, no soy yo, pertenece al mundo, ¿qué tonterías dice?". Esta es una de las relativas ilusiones más arraigadas tomadas como real, y aunque no es real, si es funcional al movimiento presente que realizamos.

Si analizamos la división sujeto-objeto encontraremos que yo soy el sujeto que mira y eso que confronto un objeto del mundo; yo no soy el objeto porque el objeto es lo que yo distingo de mí, yo soy siempre el sujeto, y nunca puedo ser un objeto. Hasta si afirmo que soy mi cuerpo, en realidad lo que hago es mirar el cuerpo, sentirlo, pensarlo, objetivarlo; y yo soy el sujeto, no el objeto ni de los sentidos, ni del sentimiento, ni del pensamiento. Yo veo así desde un cuerpo y luego concluyo que yo mismo soy ese ojo, sin darnos cuenta de que cualquier palabra, idea o sentimiento que coloque después del yo, es un distinguible objeto separado de mí; al que afirmo o niego, pero no soy yo, no es el sujeto. Es por eso que si estoy triste o alegre no soy yo realmente, si el cuerpo sufre o canta no es ni mí sufrir ni mi canto, aunque me gusten mucho y quiera apropiármelos. Puedo convertirme en este cuerpo que sufre y canta, y sin duda todos lo hacemos para experimentar la vida, pero en esencia y por definición, nada ni de esto ni de aquello puedo ser; no se puede ver al que ve. ¿Quién soy yo, entonces? ¡Entonces, yo soy quien! Y otorgando plena identidad a todos los seres a través del nombre por el que los llamo y la acción que haya elegido; que es la distancia a la que me he puesto de ellos por lo que haya guardado para mí, busco su efecto, su respuesta.

Si sólo hiciéramos conciencia de que si me siento alegre hay otro sintiéndose triste, y que yo no tengo por qué sentirme triste por eso, ya que si me sintiera triste habría por consiguiente otro que se sentiría alegre a costa de mi tristeza; entonces, este callejón sin salida nos llevaría a un profundo silencio, que es donde reposa la sabiduría. Y la sabiduría, perdido el equilibrio, mira con ojos de compasión, y trata de que la distancia no se extienda más allá del gozo a la tranquilidad, para el humano.

Podemos conocer cómo se siente lo que nos confronta cuando sabemos lo que sentimos nosotros, es igual pero de dirección opuesta. Si no queremos nada del objeto, entonces al sentir sentido se lo atribuyo al objeto, él lo hace para mí, él es el que me quiere a mí. Pero si yo quiero algo del objeto, el sentir brota de mí, privando de éste al objeto que seguramente sentirá lo opuesto, no querrá nada de nosotros. Sólo podemos sentir lo mismo cuando nos comunicamos; entonces la corriente gira y fluye de tal manera que las distancias se acortan, no estamos seguros quién sintió que primero y podemos confundirnos agradablemente. Nos vemos a nosotros en eso, pudiendo experimentar ambas sensaciones y percibir como un reflejo de la otra persona sobre la nuestra. Cuando estamos en la plenitud que todo lo une nos fusionamos; entonces yo ya no estoy y la otra persona tampoco, sólo plenitud.

Cuando una persona hace sentir mal a otra, sea por el motivo que sea, lo único que tiene es una terrible necesidad de sentirse bien y por eso le pasa su malestar al otro quedándose con el bienestar. El contento que sienta el ladrón por lo robado será de la misma intensidad y durará lo mismo que la pena del damnificado; además de tener que sufrir él mismo esa pena más tarde. Y quien hace sentir contento a otra persona es porque se pospone; el mostrarse en inferiores condiciones hace que el otro se sienta mejor consigo mismo, de esta manera todos se sentirán bien con él, pero él se sentirá mal con él mismo de tanto posponerse, hasta que sin duda llegue el día de su cosecha. Estas tendencias generarán los dos tipos primarios de personalidad; algunas personas se posponen y otras se anteponen, unas pesimistas y otras optimistas, unas tienden a la acción y otras a la quietud, unas proclaman el deber y otras el querer, el límite y la libertad. Quien proclama deber en realidad siempre se antepone, aconsejando y haciendo lo que él quiere y cree que es lo mejor, donde quiera, hasta donde no le corresponde; y quien proclama libertad siempre se pospone, porque tiende a dejarlos hacer, motivándolos y ayudándolos a usar su propia libertad, aunque no siempre esto puede ser lo indicado ya que en mi libertad me puedo dar un buen golpe si nadie me advierte. Esta lucha de personalidades es el reflejo de la interna entre el pensar y el sentir, entre el yo y el mundo. Así se llamó santos a los que tomaban la responsabilidad y el sufrimiento voluntariamente para que su gente sanara y se sintiera bien; estos conjuraban al mal con la simpleza sin nombre, así éste dejaba de expandirse y de tener efecto. La vida de la persona no se realizará hasta que no contemple al opuesto que está en ella misma; quien está realizado en la vida es quien acepta su presente, a sí mismo y a los demás así como están, y deja de creer que su vecino le desea el mal y es un gran peligro, y que su parecer e ideología es lo único que puede salvarnos.

Nuestros contactos personales de todos los días son un intercambio de afirmaciones y negaciones, tanto mentales como emocionales. Puede ser que esté frente a alguien que está mal como yo, pero esta otra persona está en la negación de mí mismo lado, nosotros dos no estamos mirándonos de frente; sino confrontándonos con otra cosa que sí está bien. Por lo tanto no tenemos escapatoria, sólo cuando uno deja de sostener demasiado la afirmación o la negación, aprecia lo pleno y realmente se encamina. Si quiero que la realidad sea como creo yo que es, no estoy teniendo en cuenta la respuesta que obtenga; al igual que si dijera que todas son palabras sin sentido, entonces nunca más nadie hablaría sobre nada, nos haríamos ruidos como los animales, y podríamos hasta generar tendencias suicidas. En los dos casos veo sólo un lado, y los dos existen, pues cada lector o receptor tiene su personal sentido, que no es para nada el nuestro. La reconciliación sólo está en admitir al opuesto en la felicidad del verbo, que es el que a ambos crea y sostiene; por eso todo lo que hacemos no lo hacemos nosotros realmente, es ese verbo el que hace todo en y para nosotros, aunque si lo hiciéramos nosotros algo obtendríamos, conoceríamos la ciencia de la acción y la reacción, del trabajar para obtener ganancias, del bien y el mal. Entonces para que todo lo continúe haciendo la plenitud, el camino más corto es el de fluir en la aceptación y posterior desasimiento, es por esto que: "lo que es, no es, por eso se dice que es". En la aceptación uno puede negar y afirmar, y hasta desear sin problema alguno, ya que no busca cambiar nada, el cambio se da por sí mismo, no busca ganancias, sabe que en realidad él es uno, no hay diferencias en él, no pierde la plenitud, esta con Dios, o simplemente es.

Cuando nos sustraemos al encanto de una experiencia que se apodera de nuestra imaginación, algo nuevo y desconocido; nuestros pensamientos y sentimientos están en el presente, uno se olvida de todas las conclusiones, no afirma ni niega, tampoco nada sabe del saber ni de sí mismo. En ese momento uno está feliz con todo lo que lo rodea, se ha olvidado de sí mismo y todos sus complejos y conclusiones. No es que todo esto desaparezca, sino que todos se ponen de acuerdo, se aceptan y se fusionan en un mismo momento y lugar, es uno con todo lo que lo rodea. Sin duda, luego de esta chispa de felicidad afirmamos, pero la afirmación ocurre posteriormente al chispazo, o al instante de encanto en el que fuimos uno. Estas experiencias pueden darse en cualquier tiempo y lugar, y aunque se den por sí solas, nosotros las queremos repetir y volvemos a buscar donde las sentimos antes o nos dicen que las encontraremos. Puede ser meditando, o rezando, o cantando, o en los orgasmos, o realizando algún arte, o yendo a algún evento deportivo o concierto (donde hay una momentánea unión de sentimientos y pensamientos con grandes cantidades de gente), o ingiriendo drogas o alcohol, o rehabilitándose, o leyendo, o estando a la moda, o viajando, o poniendo alarmas, o retirándose a una vida santa, o hasta suicidándose; o simplemente buscando hacer nada, todos queremos repetir el efecto, e imaginamos cómo "sería".

Cuando uno se olvida de sí mismo no existe línea divisoria entre uno y lo que uno confronta, es uno con eso; puede ser un paisaje, un sonido, un bebé, una frase, otra persona, una idea o un sentir, la vida, la muerte, el universo, dios o lo que quiera. Pero cuando desea que aquello que está frente suyo sea diferente a cómo es, mejor o peor, pero así no, entonces no hay amor. Tenemos afecto, apego, interés por quien confrontamos, pero tenemos más amor por nuestra idea de cómo tiene que ser más perfecto; dado que en el instante que hicimos la diferencia, perdimos el sentimiento puro de unión y llevamos a cabo la tarea de modificación, con la eventual resistencia a cierta pérdida indispensable para el cambio. Cuando me acuerdo de mí mismo como una personalidad, esta se erige demandante entre uno y el otro, así me distancio tanto del objeto como de la felicidad; y si me acuerdo de mí mismo como un orgullo, mejor salir corriendo de nosotros mismos, no vaya a ser que matemos a alguien. Por eso la entrega, el desasimiento, el olvido de las propias demandas y complejos, de nuestra diferenciación y de nuestra personalidad, es lo que las religiones nos enseñan; esto nos acerca al acuerdo y unidad, y hace que la felicidad construya para nosotros. De la misma manera hace el científico cuando cuida de que su experimento no sea contaminado por los factores de la observación.

Aunque por el lado de la voluntad, algunos críticos dirían que hay que ir tras nuestros sueños y deseos, y hacer valer nuestro pequeño punto de vista. Pero el punto es, que no es ni necesario, cuando somos felices y plenos no necesitamos sueños ni tenemos deseos. En este mundo dual, el sacrificio diario del vivir nos otorga el derecho, entonces soñamos con aprender que significa toda esta realidad, y deseamos manejarla a nuestro antojo; pero la finalidad del sueño y el deseo es también la felicidad, y a pesar de que está en todos lados parece lo más difícil del mundo. También se podría aludir que si nos entregáramos solidariamente a todo con pura inocencia, seríamos fácilmente abusados y manipulados; pero quien aduce tal atrocidad es porque no se anima a tirarse a la pileta porque el trampolín está muy alto para él, solo fantasea peligros y vive con miedo de todo. La inocencia también tiene su natural conmovedora manera de conservación y supervivencia, aunque la verdadera inocencia siempre elige mundos menos densos.

Como vemos la vida en todos lados, también debemos ver la muerte en todos lados, y también a aquello que las sostiene; así nos superaremos los tres en uno en cuya existencia no tienen realidad ni la vida ni la muerte, dado que es todo un eterno presente cambiante.

En el instante que uno está feliz no piensa en lo feliz que es, sólo es; luego nos empecinamos tanto en repetir siempre esas experiencias que nos hemos hecho dependientes de algunas de ellas, generando así la dualidad, afirmando aquella experiencia y negando esta otra, nos hemos transformado en cazadores de experiencias. El deseo en pos de la felicidad está basado en el temor a nuestra actual situación, por eso el problema no radica en las experiencias, sino en la dualidad de la conclusión. La dualidad existe pero no es la realidad, la realidad es aquello que la sostiene, la experiencia siempre es plena en todo momento, en todo lugar, aunque nos cautive o nos desagrade debido a alguna conclusión. Cuando uno sabe esto, deja de insistir en sus "síes" y sus "noes", sabe que estos se alejan de la verdad, del amor y de uno mismo; deja de insistir en que "yo esto..." y "ellos lo otro...", lo ideal es hacerlo pero con soltura y sin importarnos mucho. Porque cuando uno no sabe esto, entonces tiene que trabajar y esforzarse en diferenciar y en ordenar sus intereses de un lado y del otro. El único y real trabajo de la persona es llevar la mochila donde cargamos las afirmaciones y negaciones que más nos gustan, que deseamos que rijan nuestra vida, y por las que lucharemos; diferenciamos con que cosas, situaciones, experiencias o símbolos estamos de un lado, y con qué cosas, situaciones o símbolos estamos del otro. El problema se presenta cuando se miran de frente los que están de un lado y los del otro (el demandante y lo demandado, yo y el mundo, onda y partícula), y no se reconocen como complementarios y absolutamente arbitrarios; entonces querrán imponerse las imágenes y sensaciones en la memoria en las que nos encontramos con el opuesto de frente y nos reconocimos uno en la plenitud. Creemos que esta felicidad le pertenece a aquellas experiencias, nos hacen sentir seguros y con ganas de ser plenos nuevamente cerca de ellas, en "otro supuesto lado" que no es el que estamos ahora. Estas falsas conclusiones van a generar un programa de acción para el "yo"; éste adopta un modelo de procedimientos, un programa de hábitos para que la felicidad solo se presente en las elegidas ocasiones.

El yo está continuamente en busca de un lugar donde poder hacer la diferencia sin ningún peligro, en el hábito nada inesperado puede pasarle, aunque sea justamente lo que termine pasando, ya que el universo se expande en posibilidades infinitas. Pero nosotros sólo vemos lo que queremos ver, y elegimos el hábito para poder identificarnos, diferenciarnos y movernos; es el punto de referencia del Yo sin el cual está perdido en lo indefinido. El hábito principal es levantarnos todos los días, asearnos, comer, trabajar, vagar, comer y descansar, que es el hábito de la vida, pero conocemos muchos más y nos identificamos en ellos a nosotros mismos, y nos aferramos a ellos porque si no hay hábito no hay memoria, y si no hay memoria entonces no me reconozco. Es por esto que en nosotros no hay obligación real de responder a quien confrontamos, sean personas o situaciones, con alguna reacción negativa, positiva o neutra, solo hay una obligación de hábito; sentimos dolor o placer frente a determinada cosa o persona que frecuentamos, porque ese es el hábito que estableció nuestra memoria con el cual reconocernos. Está en nuestra competencia devolver la respuesta absolutamente opuesta, dolor donde acostumbramos a tener placer, y placer donde acostumbramos a tener dolor, desde ya esto no es necesario, ni aconsejable buscarlo; ¿odiar las fiestas y amar el trabajo?, ¿es jugar a la demencia?, ¿cómo un faquir? El ser nervioso en nosotros está acostumbrado a cierta fijeza, a una falsa impresión de lo absoluto en las cosas. Para él, éxito, fortuna, fama, poder, victoria son cosas absolutamente placenteras en sí mismas, y deben producir plenitud así como el azúcar tiene gusto dulce; desprecio, derrota, soledad, impotencia, accidentes son cosas absolutamente despreciables en sí mismas, y deben producir pesar. Uno no está atado a entristecerse por la pérdida y la derrota, puede encontrar estas cosas con perfecta indiferencia. Un determinado contacto físico puede ser placentero o doloroso, no sólo para distintas personas, sino también para la misma persona en diferentes etapas o situaciones. Los novios que se aman hoy pueden tener conflictos legales mañana; y si vemos una aguja acercándose sentiremos rechazo, pero si esta posee la droga para salvarnos la vida vamos a mirar la aguja con cariño. El ser nervioso, el Yo, es una cosa esclavizada al hábito, variar estas respuestas sería apartarse de la realidad, anormal, desconocido; entonces esquematiza sus reacciones frente a las cosas y se aferra a ellas, creando de esta manera su propia personalidad. Por eso, el pensamiento está sujeto sólo en la medida que prefiere quedar sujeto, morar en un hábito mental antes que en otro; está sólo en la auto-observación el variar estos hábitos.

Cuando uno quiere encontrar su pensamiento éste huye. Si hacemos silencio el pensamiento calla. Aguardamos a que surja alguno, pero mientras le sigamos prestando plena atención enfrentándolo no aparece ninguno, quedamos en silencio. Y sin darnos cuenta, al rato nos encontramos en medio de otro pensamiento, sin encontrar el momento preciso en que dimos el brazo a torcer y éste surgió, ni el motivo preciso del porqué surgió. Lo mismo ocurre si enfrento los sentimientos y las cosas. Ni siquiera los científicos encuentran materia en la materia, cuando enfrentan las cosas éstas se vuelven concentración de energía dicen. Y cuando presto atención a la energía que siento, y quiero encontrar un sentimiento puro, divino, no encuentro nada; o más bien me encuentro, en los tres casos, con lo desconocido. Y lo desconocido soy yo, no lo que pienso, ni lo que siento ni lo que veo. Yo no soy lo conocido, soy el conocedor y como tal no puedo ser algo conocido. Si supiera quién soy, no sería yo realmente. El eternamente desconocido.

Cuando deseo un objeto es porque lo conozco parcialmente, me atrae justamente aquello que todavía es desconocido para mí; y cuando finalmente conozco lo que no conocía de aquel objeto ya no me atrae tanto. Me atrae el misterio, y el misterio de los misterios soy yo mismo identificado, posado, reflejado sobre un objeto; y esto se origina al mismo tiempo con el individuo, y viene de su unidad, que es el verbo, que es Dios, luego la personalidad se los atribuye a su capricho.

Cada instante surge y es nuevo, es original, nada se repite dos veces aunque yo y todos los artistas nos empecinemos en ello. Lo que no cambia soy yo, que eterno e inmutable estoy unido inseparablemente al Dios todopoderosamente cambiante. Cómo debe ser; y además como realmente quiero yo que sea, ya lo está siendo; aunque el sabor de la vida sea el no saberlo.

Los elementos y sus mutaciones

Todo conflicto surge cuando uno no quiere sentirse como se siente, no quiere tener determinados pensamientos o vivir determinadas situaciones; al querer pensar así sí y así no, al querer sentir "Eso" y no esto otro, se opone un real a un ideal. Por lo tanto hay un "Yo" que quiere "Eso", y un "Yo" que tiene esto otro. Los problemas se presentan luego de la identificación que adoptemos, ya sea con imágenes, pensamientos o sentimientos.

En un comienzo tenemos derecho a todas las cosas... pero lo perdemos cuando adoptamos o queremos unas en particular. Esta identificación que adopta el ser, examina todo desde su exclusiva concentración y le hace perder el resto, se ha volcado y encerrado uno mismo en una determinada perspectiva de la existencia. Entonces ha de recobrar el resto de la verdad de sí mismo mediante la sucesión de movimientos y situaciones entre dos vistas de esa experiencia: del sujeto al objeto y del objeto al sujeto, de la realidad a la fantasía y de la fantasía a la realidad, de lo absoluto a lo relativo y de lo relativo a lo absoluto, de la vida a la muerte y de la muerte a la vida, del espacio al tiempo y del tiempo al espacio, de mí a ti y de ti a mí. El movimiento, que es el Verbo, la tercera persona, entre primera y segunda persona, entre sujeto y objeto, vos y yo, constituye la relación primaria intrínseca de todas las cosas; es por esto además, que a la trinidad se la llama santísima.

Cuando yo no reconozco al objeto y lo creo completamente separado, se establece la división que hace sombra y oscuridad, el punto de vista. El ser se vuelca a una aparente división mediante la cual las relaciones se definen y mantienen a distancia, una frente a otra, de modo que puedan encontrarse otra vez y aunarse. Establece el deleite de la separación y el contacto en medio de una unidad e intermitencia, capacitándonos para proceder como si fuésemos una persona que trata con otras personas pero siempre en la unidad del ser único, en la inseparabilidad; dado que ambos estamos abarcados en la absoluta verdad del ser.

La unidad o felicidad se va formando a través del Verbo que en su vibrar genera objetos y a sus sujetos; un conocido y un conocedor dentro del conocimiento, un amado y un amante en el amor. Eso otro no es más que el propio Yo invertido, y ambos son las sombras de lo que da luz. Para que el mirar "sea", se necesita tanto del objeto, del sujeto y del instrumento que es el ojo y la acción de mirar. Así como la causa, el instrumento y el efecto son uno, de la misma manera, el amante, el amor y lo amado, la conciencia mental, la fuerza de plenitud y el ser físico son inseparables.

Cuando el Verbo se sitúa junto al sujeto exclusivamente, se manifiesta y se centra en mí que soy conciencia; entonces soy yo el que conoce, ama y se mueve, realiza una acción, piensa y siente. Cuando envuelve al objeto y le da su fuerza, entonces el conocimiento se manifiesta a través de algún resultado o situación presentada; el otro es el que ama, el responsable de la acción, el que

Conciencia de Plenitud

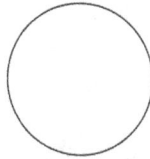

Abrazo o
concentración
de la conciencia
sobre la plenitud

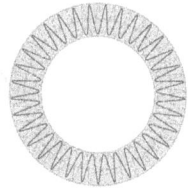

Ensanchamiento
del límite

La amplitud de la plenitud y la conciencia que la atraviesa pueden representarse como una simple línea en el espacio.

La línea es atraída por el espacio y el espacio por la línea, entonces la línea abraza al espacio. De esta manera una línea genera dos espacios, y estos buscan unirse generando el ensanchamiento de la anterior en un tercer espacio común a los dos primeros, que produce vibración y otras dos aparentes líneas de límite.

Se generaron así un aparente adentro y afuera que son la misma plenitud única vista a través de esa conciencia ensanchada, espacializada. Es el volumen, el cuerpo, el ojo que mira esa misma línea de la conciencia que orbita la plenitud necesitando recorrerla para alcanzarla.

Entonces tenemos cuatro movimientos, tres espacios y dos contornos que son el volumen de la trinidad, la fuerza de la dualidad, la conciencia de la unidad.

sabe. Seguramente yo no sentiré lo mismo o desconoceré de lo que hablan, entones el objeto será tenido en cuenta por nosotros como el sentido, y el causante del Verbo en cuestión.

Ahora, cuando el Verbo está libre en sí mismo, cuando no es mío ni del objeto entonces es energía fluyendo libre en la plenitud de la unión con el sujeto y el objeto; armonía entre la vida y la mente. Un modelo práctico es cuando uno baila con otra persona y podemos decir que en el movimiento, las dos personas vamos al

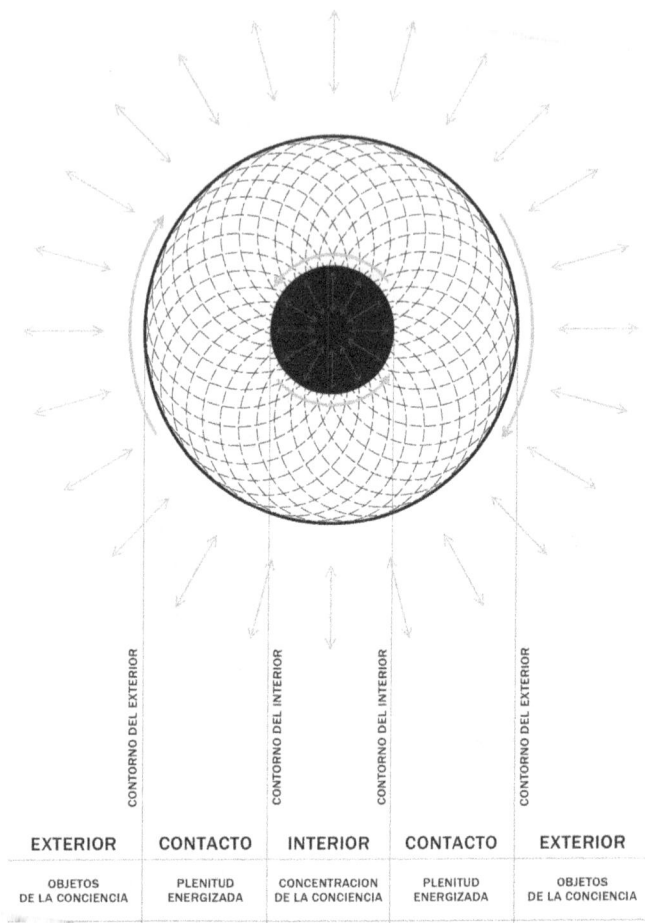

EXTERIOR	CONTACTO	INTERIOR	CONTACTO	EXTERIOR
OBJETOS DE LA CONCIENCIA	PLENITUD ENERGIZADA	CONCENTRACION DE LA CONCIENCIA	PLENITUD ENERGIZADA	OBJETOS DE LA CONCIENCIA

unísono en algo que es más que nosotros mismos, Cuando el amor no es de ninguno entonces gira libre entre los dos y acerca y une. Pero amar mucho algo en particular es tener al amor encerrado, amoldado dentro nuestro, impidiendo el fluir, creciendo en una imaginación interior que se aleja de la realidad; esto lleva al conflicto que causa que por fuera se nos niegue. Soltarlo de adentro y adoptar la frialdad objetiva, o admitir la impotencia nativa, hacen que el amor se exprese libremente de afuera hacia nosotros. Dios es amor y está en todos lados; no se puede ir en busca del amor pues no se puede buscar lo que está en todos lados. Desde este punto de vista tampoco se puede escapar o creer que no existe, puesto que mientras haya lados y momentos habrá Dios. Para amar a Dios es la vida, primero lo amamos en otras personas, pero luego comprendemos que los demás son sus temporales imágenes que elegimos para desplegar y representar este amor que debe ser primero a la unión de todos nosotros en lo Eterno. Si nos subyugan solo unos pliegues de las formas de tal manera que perdemos toda nuestra mente y todo nuestro ser por ellos, ¿cómo vamos a ser capaces y tener la entereza de estar ante lo que crea todos los pliegues y de todas las formas?

El conocimiento dividido en conocedor y conocido se mueve de uno a otro generando movimiento y vibración; vos, yo y el verbo qué va y viene de acá para allá, somos la rueda del tiempo. Yo hablo y luego habla el mundo, yo domino y luego domina el mundo, yo sé y luego sabe otro que no soy yo; y aunque el saber sea por sí solo, este parece generado por nosotros alternadamente. Se deduce de esto que en mi pureza quiero, busco e imito a Dios, o a aquello que nos supera; y Dios me busca y quiere a mí, pues todos los días nos trae de vuelta. Esto produce un reflejo relieve que va delineando la existencia y crea la vida. Pero a no ser que aprendamos, seguiremos separándonos de "Eso", creyéndolo un extraño que nos ama, nos odia o nos es indiferente; cuando en realidad somos todos el uno mismo.

Por lo tanto aparecen también dos maneras de relacionarnos con el mundo: 1- Si el Verbo está en el Objeto, entonces me identificare con, y amare lo conocido, que es el mundo de los objetivos físicos. Es querer llegar a ser como ese modelo ideal, forma, manera y situación que nos parece perfecta, y abocarnos a la búsqueda de aquello que admiramos y amamos tanto: todo esto que encuentro ante mí. 2- Si el Verbo está en el Sujeto, me identificare con él y seré yo quien lo posea; y así, moldeare y ejecutaré el cambio en lo físico a mi manera, sintiéndome yo mismo o a mi propia satisfacción, la razón, el objetivo y el provecho de los demás. Personificando a la convicción, la fuerza y la acción, y el sentido que nos une a vos y a mí.

O creo ser el cuerpo, entonces busco al espíritu, o creo ser el espíritu que busca dominar al cuerpo, al mundo; o soy el único Yo (sujeto) de todas las cosas y todas las fuerzas en la límpida e indiferenciada conciencia que es mi identidad pura, antes de derivarse esta en mi pensamiento.

Nosotros pasamos por todos estos movimientos y formas de pensar queramos o no, pues es el movimiento propio de la naturaleza humana. Por eso cuando ciertos hechos nos dejan sin saber qué hacer, con la mente en blanco y sin reacción, leve y cotidianamente cuando me preguntan sobre lo que no sé, y experimento el completo desconocimiento... entonces la dormida oscuridad; se manifiesta el silencio de la conciencia inmutable y nos encontramos frente a lo desconocido. Dios nos eclipsa en lo oscuro y frío del espacio, disfrazado de sin sentido; y nos quedamos sin poder, o sin amor, sin ser, en la nada. Esto sucede en el momento en que el verbo pasa completamente del lado de los objetos que estemos confrontando, pues nosotros les dimos ese poder en un principio cuando nos gustaron o disgustaron esos objetos en particular y expandimos nuestros pensamientos y voluntades sobre ellos. Esto es sólo un mecanismo más que lógico para que ambos se equilibren, ocupen el lugar que no es ningún lugar, y anhelosos de lugar, descubramos luego de la entrega a nuestro destino la manifestación del ser completo en sí mismo; que es un nuevo día, un nuevo conocimiento que nos une, una verdad que nos trasciende, sentidos, esencias, otro punto de vista, otra distancia entre nosotros y el mundo. Así este verbo saldrá de algún objeto dándonos alivio, y en la materia veremos luz, o un nacimiento, o a quién tenga la verdad, la ayuda y la solución viniendo hacia nosotros. Cuando uno se vacía completamente contempla posteriormente al todo y su fuerza.

Este movimiento de posibilidades se manifiesta en fuerza de sentimientos, conciencia de pensamientos y sentidos físicos del ser alternadamente, proporcionándonos múltiples perspectivas para el juego de la existencia humana.

La detención y concentración del ser en un punto determinado del todo genera la división del yo-veo-eso. El mundo y yo venimos a ser las dos caras del mismo Verbo; ver, ser, vivir, conocer, amar o cualquiera sea. Luego cada uno de nosotros toma para sí, y copia del que tiene enfrente, formando su propia trinidad menor, su mundo propio; conformándose tres personas en lo singular más tres personas en lo plural. Yo copio una forma y una acción para adoptarlas como propias, copio de cuando sucedió espontáneamente esa unión entre el cuerpo, la mente y la vida, que es la felicidad; entonces me siento seguro y quiero dominarlas y repetirlas a voluntad. Cada persona elabora su individualidad y moldea sus propios rasgos en base a esos flashes de iluminación y felicidad que atrapan en sus mentes; es por esto que algunos creen que son ciertos objetos o ciertas acciones los causantes de aquellos. Estas imágenes quedan en la memoria de tal manera que al relacionarnos cotidianamente con otras personas, comparamos y distinguimos generando cierta distancia, que se traduce en un significado y una sensación respecto del objeto, en el "como se ve" y el "cómo se siente" de nuestras síntesis y nuestros juicios.

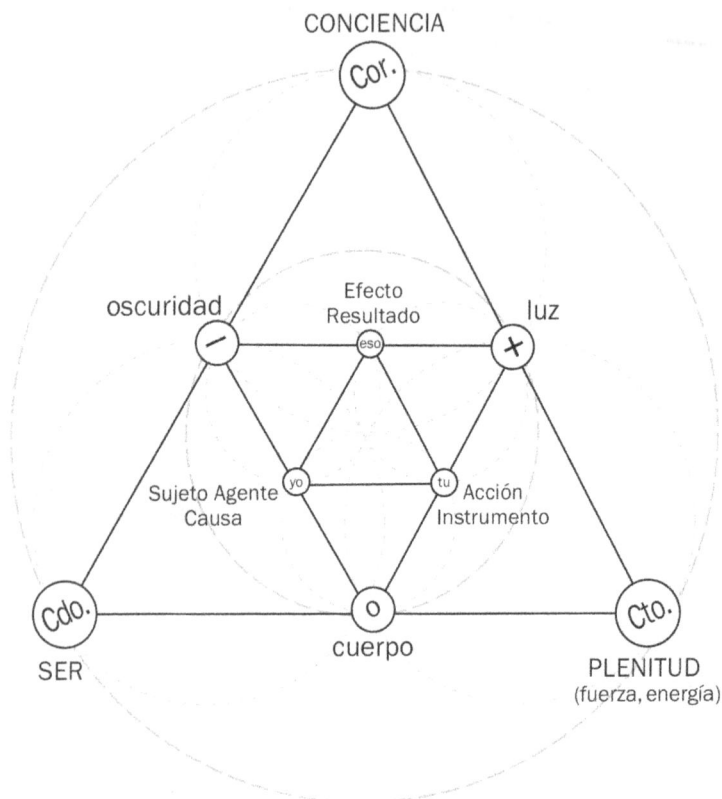

El conocimiento, inicialmente es o no es; por esto, no es de ninguno de los dos, cuando se manifiesta la Trinidad; o es de los dos, cuando se manifiesta la Unidad. Luego, por el movimiento del conocimiento entre sujeto y objeto se genera el antes y el después, entonces el verbo será temporal y aparentemente mío o del objeto. Si no se nada, voy a encontrar la luz, pero si soy el que se las sabe todas, voy a encontrar ignorancia y oscuridad. Es cuando la acción del conocimiento en su viaje de uno a otro llega a un punto intermedio, crepuscular, que contemplamos esta unidad de la Trinidad; y si está de ida o de vuelta, nos dirigiremos y sentiremos atraídos nosotros hacia eso, o eso hacia nosotros. Se produce así, esta segunda división de la unidad, en la que se pueden distinguir cuatro situaciones o cuatro posturas que surgen a la vez, presentándose alternadamente entre el exterior que es la materia, y el interior que es el punto de vista o espíritu. Unas se manifiestan y las otras contemplan, esperan; ya que la primera división se da en el espacio, y la segunda se da en el tiempo. Si tomamos el verbo "Saber" como ejemplo de lo que pasa con cualquiera de ellos, entonces la división se podría leer:

Yo sé y Eso no sabe	-- Fuego, Amanecer
Yo sé y Eso sabe	-- Cielo, Día
Yo no sé y Eso sabe	-- Agua, Atardecer
Yo no sé y Eso no sabe	-- Tierra, Noche

Primero es el dominio de los elementos, luego se agregan los organismos vivientes y personas en una nueva división dentro de cada uno de estos cuatro. Se entiende que yo en esencia no soy ningún organismo viviente; el Yo puede adoptar o identificarse con la forma que le plazca, pero no por mucho tiempo. Milagrosamente del dejar de conocer viene el aprender; y al contrario, cuando yo adopto alguna acción en especial, estoy privando de libre movimiento a los objetos, entonces se detienen para recibir y se prestan a ser modificados. Así también las personas al otro lado del planeta, cuando se van a dormir hasta el otro día, nos dejan a cargo de la acción a nosotros; y cuando nosotros somos los que dormimos, son ellos quienes despiertan. Entonces cualquier objeto sobre el que actuemos, cuando haya cesado nuestro movimiento, despertará y generará una respuesta resultado a nuestra modificación.

Como cuando el que está escuchando no es el que habla, lo amado tampoco puede amarme a mí, para eso yo debo ser lo amado y no el amante. Si yo insisto en mi pasión por determinada persona, ésta se regocijará en su ego pero nunca podrá amarnos, para amarnos a nosotros debemos, en presencia del amor, elegir enfocar en uno mismo la objetividad de lo necesario a la situación; de esta manera, el otro tendrá oportunidad para contemplarnos, y si fuimos secretamente buenos, se verá llevado a ser el amante y nosotros lo amado, será atraído hacia nosotros. Lo ideal entre el amante y el amado es ese movimiento al unísono, donde se crea una corriente alterna en la que se acercan los opuestos, y finalmente se pierde el límite de los dos en el puro movimiento que los dirige, encontrando que son las dos caras del mismo ser. Es por esto que aunque elijamos, nunca podremos ser siempre lo amado o siempre el amante, no podemos hablar o cantar siempre nosotros, el mundo también quiere cantarnos; esto lo descubriremos incluso en cualquier acción que realizamos, pues siempre aparece algo en lo que hacemos que no esperamos, que no llegamos a controlarlo, que no resulta como pretendíamos. Por eso incluso si nos ponemos a cantar, encontraremos sonidos propios que no esperábamos, pueden ser buenos o malos pero distintos de lo que pretendíamos, es nuestra propia voz que nos canta a nosotros. Si hay errores se deben a que nosotros elegimos ser demasiado deterministas al querer adjudicarnos un bien específico, entonces la materia y Dios, se burlan de nuestro egoísmo mostrándonos errores por doquier. Por eso es importante el verbo que gira en nuestra mente; si yo canto, entonces algo más me cantará en respuesta; si yo domino, algo más querrá dominar y dominará; si yo soy el que sabe, algo sabrá más y me mostrará que no sabía nada realmente y viceversa.

Se deben contemplar las cuatro divisiones anteriores para que la corriente fluya y nos acerque al opuesto. Si uno se detiene en solo una de las cuatro posturas, entonces comienza a desequilibrar la balanza y provoca el incremento de la división; hasta finalmente provocar la reacción de las demás. Si nos une a alguien el amor, experimentaremos que: 1- los dos nos amamos, 2- uno ama y el otro no, 3- uno no ama y el otro si, y 4- no nos amamos ninguno. Cada acción que emprendamos gira así; si soportamos todo esto, la relación se mantendrá seguramente.

Por eso la causa de nuestros problemas depende del efecto en que estemos parados. La causa es causa porque me creo algo definitivamente resuelto, porque me detengo y concentro mi conciencia sobre un efecto determinado que adopto como punto de partida, entonces busco poder lograrlo o evitarlo a voluntad. Todo esto conlleva a que no vea la causa en mí, y solo sienta una acuciante necesidad por cambiar y resolver determinada situación, sin llegar a asociarnos de manera que el resultado de nuestros resultados sea el que causa, y la causa de nuestras causas sea lo que resulte. Si la causa del sufrimiento de otro fui yo, el resultado de ese sufrimiento también caerá sobre mí; y depende que haya elegido y hecho con el mundo, eso hará el mundo con nosotros, solo por copiarnos e imitarnos.

El Verbo es un solo movimiento en plenitud; y todos los Yo son un mismo Yo, un solo espacio para todas las cosas; y todas Esas cosas son un solo objeto, el ser físico todo, el universo manifiesto; y los tres estamos capacitados para ser infinitamente múltiples debido a la misteriosa unidad de la Santísima Trinidad; pero nunca podemos ser el otro, cada uno de los tres ocupa su lugar para que la existencia pueda ser posible. Yo no soy ni vos, ni él o ella, ni la acción ni el resultado, ni el cielo ni la tierra, ni el amor ni lo amado; pero las tres personas somos a la vez siempre y en todos lados.

Cuando la unidad es: el sentir y el pensar se desmaterializan, ya que cuando el ser está en su plenitud y felicidad no distingue objetos dentro del todo, es uno en todos ellos. Y en una experiencia más sutil de la siempre misma realidad, notaremos igualmente que los pensamientos perseveraran a pesar de que lo físico se ha transformado completamente, y nuestro primer pensamiento será: "¡yo soy todo!".

Cuando la división es: la unidad se materializa para sostener al pensamiento confrontándose al sentimiento, se mentaliza o se piensa para sostener al sentimiento confrontándose al mundo, y también se energiza para sostener al pensamiento confrontándose a él. El sentir forma pensamientos, el pensar forma sentimientos y las formas sienten y piensan. En caso de conflicto el pensamiento se desliza de pensamiento divisor a pensamiento dividido, y queda envuelto en sus propias funciones y en sus propias creaciones. El Ser pierde el hecho evidente de que todos los pensamientos son la misma conciencia que toma diferentes puntos de vista; que todos los sentimientos son la misma energía de plenitud que desarrolla variadas corrientes de intensidad; que mi aparente cuerpo y todos los demás cuerpos que me rodean son una misma naturaleza de acción donde se desarrolla la danza, el juego entre la fuerza y la conciencia, el sentir y el pensar, entre vos y yo.

La idea pura nace en la unidad, se desarrolla, y luego se resuelve en un sentir con determinada fuerza; éste así nacido se desarrolla y se resuelve en lo que veo, (desde dar formas a la materia hasta crear situaciones cotidianas), así nace lo visto, se desarrolla en un efecto y se resuelve en el que ve; o sea yo, que desarrollo así mi pensamiento afirmando o negando este resultado establecido, identificándome sólo con ciertas partes de aquello que se me presenta. Cierta síntesis de la memoria y la imaginación sobre la realidad, para finalmente terminar resolviéndome así en otro determinado sentimiento. Así la sentida fuerza generará un movimiento más ajustado al pensamiento anterior para hacer que las imágenes sean lo más parecidas a la idea original. Luego el pensamiento repite y repite la misma acción, le da vueltas y vueltas energizándola y perfeccionándola cada vez. La materia sale de la energía, la energía de la conciencia y la conciencia de su unión con ellas. Por eso toda nueva vida y todo nuevo movimiento se desarrollarán en los escenarios a los que ha llegado nuestra conciencia, y en las ideas en que ponemos la fe y energía de nuestra vida o movimiento actual.

Hasta sobre el más mínimo pensamiento se forma la materia. Si por ejemplo pienso de alguien: "que idiota que es", y me estanco en esa conclusión; esto generará una particularidad en el sentir tal, que es captada y acumulada por la materia, para ir girando sus movimientos hasta presentarnos una situación futura en que nos veamos nosotros mismos así de idiotas, y alguien pase al lado nuestro con una actitud similar a la anterior nuestra. Sí podemos ver la misma torpeza en nosotros cuando vemos a otros, podemos enseñarles a proceder correctamente, y entonces no hay problema, pues de esta manera equilibramos inmediatamente la fuerza; pero grandes problemas surgirán si nos creemos completamente alejados de aquella torpeza. No es que no haya personas idiotas, es que si las hay, esa es la idiotez de todos, no es exclusiva; es la conciencia de un determinado estado que si le prestamos un poco más de atención, veremos cómo cambia hacia otro. La fuerza surgida de los sentimientos, será la base donde la materia se apoyará para transformarse a sí misma en resultados que luego encausarán al pensamiento para que les otorgue un nuevo sentido.

Cuando siento un gran deseo por cambiar algo, entonces la energía ha quedado disminuida del otro lado, el Yo excitado consume más energía para sí, dejando menos para ciertos otros. Por eso lo más sensato es proceder como un buen padre o maestro qué está en ventaja con respecto a sus hijos y estudiantes, pero al acercárseles y enseñarles equilibra la balanza y todos viven en paz. Lo más sensato es trabajar para que el otro o lo otro funcione; de esta manera pasamos nuestra sobre-energización al otro lado para igualar la balanza. En cambio sí incrementamos la fuerza, y nos concentramos y excitamos demasiado tiempo con una forma en particular, las imaginaciones y deseos sobre aquello se multiplicarán (como por ejemplo que una persona se comporte según nuestras expectativas, o la exigencia a los hijos de cosas que los padres mismos nunca hicieron, o el simple deseo de acumulación de objetos preciosos), nos harán sentir más eufóricos y corajudos por un lado, pero más limitadamente dependientes por otro. Desearemos más y más de lo que finalmente y a la larga sufriremos, dado que la existencia es mucho más amplia que aquello en particular y querrá librarse de la limitación. Aunque sin duda, aquello nos será dado tarde o temprano y en cierta forma, cuando comunicándolo lo regalemos y lo liberemos de nuestro interior (esta es la razón del ser honesto, y lo práctico de la oración y confesión), ya que comunicar da fluidez a la fuerza creadora. Cuando energizamos algo o alguien y lo dejamos ir sin ningún interés, seguramente solito volverá para recargarse. Hay que esperar entonces que se cumpla el ciclo y comenzar uno nuevo; para de esta manera sumergirnos una vez más en ese movimiento tortuoso y zigzagueante de los pensamientos y los sentimientos, y las contorsiones creadas por la lucha del Yo, que perdió su verdadero ser en un objeto, para recuperarse nuevamente tras perderlo. Y para reducir todo error en verdad, que como nuestro error y nuestra verdad son nuestro equivocado y acertado límite de deformación; todo sufrimiento en plenitud que como nuestra pena y nuestra dicha, son un convulsivo esfuerzo de sensación por realizar; toda impotencia en fuerza que como nuestra debilidad y nuestro poder son una lucha de fuerza por lograr; toda muerte en inmortalidad hacia la cual nuestra muerte y nuestra vida son un constante esfuerzo por experimentar.

Entonces lo primero que sabemos de mí y de vos es que nos relacionamos mutuamente en un movimiento con tres características: el sentir, el pensar y el de los sentidos físicos. Así reconocemos una trinidad en nuestro ser, de sentimientos, sentidos y pensamientos, en que nos movemos para nuestro proceso de renovación y cambio. Reconocemos también que en la felicidad o unidad, no puede nunca existir ninguna diferencia entre el sentir, la materia y el pensar tuyo o mío; el sentir es, la materia es, y en la pureza de la experiencia ya no se distingue que palabra pueda identificarnos mejor, y se nos revela la unidad de la mente, del cuerpo, de la vida, o de los tres. La verdadera soledad solo es posible para esta unidad, que es Dios; porque solo él es originalmente uno en todos. Pero nosotros, en todos lados encontraremos como mínimo tres personas: el Yo, el Verbo y el Objeto; la primera, segunda y tercera personas, dado que son omnipresentes gracias a esa unidad. Siempre estaré yo frente tuyo, aunque cambiemos de forma, siempre estarás vos mirándome en todos lados en que me encuentre, y siempre habrá algún amor del que podamos hablar y manifestar vos y yo, y ser eternos en él. La realidad primero se imagina, luego se cree y por último, y a pesar de haber descreído, se conoce.

Hemos dicho que nuestro ser, por deleite, muta de la unión a la división, se separa para unirse nuevamente. Por esto Yo y Eso aunque nos veamos separados, somos las dos caras de la misma unidad, no somos independientes, ya que si digo que puedo ser independiente de Eso, en ese mismo instante estoy dando realidad y dependo de Eso para que la independencia o libertad sean posibles. Para ser libre, necesito algo de lo que ser libre, algo que tenga que representar a la esclavitud, sino la libertad deja de existir. Y si, por el contrario digo que Yo no soy nada, y lo único real es Eso que tanto se adora, y todos debiéramos imitarlo y seguirlo, caigo en la misma dualidad, porque en realidad absolutamente todos Esos otros necesitan de la simple atención del sujeto que los contempla y hasta energiza. Es por la unidad intrínseca que tampoco Eso puede nunca separarse de mí, aunque las apariencias nos engañen.

Somos los sujetos del desarrollo material, pero al sumergirnos en esta vida humana, nos transformamos en objetos. Los sujetos pasan a ser objetos, y estos a su vez vuelven a ser sujetos; giran entre sí mientras no se unan, se transforman uno a otro, no se pierden. Esto quiere decir que cuando algo se pierde y nos quedamos sin Eso, volvemos finalmente a ser sujetos, pues nos habíamos perdido y transformado totalmente en un objeto; es de esta manera como la mente se pone al servicio de un cuerpo. Volviendo a ser sujetos un cambio se genera en lo mental que transforma la sensibilidad, la limpia, la vacía y la deja abierta y enfrentada a una nueva realidad; aquello que se pierde en lo material pasa a lo mental. Por nuestra voluntad nos habíamos transformado y perdido en Eso, ahora Eso se ha perdido y transformado en nosotros; influenciando nuestro espíritu con ideas que nos dirigirán hacia su aquella voluntad, pero ahora desde dentro. La unidad nunca es afectada, la plenitud real nunca se pierde, el verbo sólo se transforma; siempre que esté Yo, con o contra o sin Eso, estará presente sosteniéndome a mí y a Eso. Es absolutamente necesario un objeto para la relación entre la fuerza y la conciencia, pero cualquiera de ellos sirve por igual, desde un universo hasta solo partículas, y sobre todo materias más sutiles que la humana. Sólo cuando vamos de uno a otro abarcándonos ambos en un mismo acorde, una respiración, una acción conjunta nos vamos asimilando, nos aunamos, superamos y transfiguramos hasta percibir la unidad del espacio en el vacío de la conciencia que permite un manto infinito de partículas entretejiéndose al unísono.

El que parezca que nosotros generamos determinadas acciones o cosas, o que pensamos astutas soluciones, o que tenemos tanta fuerza; y también al contrario, el que surjan cosas de la nada y nos llamen la atención, el que seamos dominados por situaciones que no deseamos y seamos defraudados en nuestros sentimientos; se debe a que la acción del verbo adoptado va viajando de un lado a otro. Si la tenemos nosotros, o sea si tenemos razón, si amamos, si creamos algo, debemos tener en cuenta que esa acción que elegimos emprender sobre esto que tenemos, va a pasar indefectiblemente al dominio del otro lado, al mundo de los objetos que no controlamos; o sea que estos serán los que tengan la razón, el amor, la vida, el poder, el dominio, y los que deshagan lo que hicimos y hagan otra cosa con eso. Y esto en un futuro será representado tanto por el mismo, como por algún otro objeto, suerte o situación. Entonces la única salida a esta situación es dar; dar lo que hacemos o queremos al otro lado, hacer por amor a la unión del todo y de todos que es Dios; así cuando la fuerza del conocimiento esté del lado contrario, le recordaremos el bien recibido y en consecuencia nos devolverá. Es por esto que todo monje lleva una vida modesta en el trabajo para la comunidad, y se dedica al desasimiento del fruto original (la ganancia). De esta manera, si nosotros sin buscar recompensa, solo por ayudar y ser agradecidos, no perseguimos aquello, provocaremos que cada uno tenga lo que le es natural: el uno al otro en la pureza del ser; y más importante aún, esto hará que nos acerquemos cada vez más a ese otro lado de desconocido mecanismo para que la corriente de la acción fluya libre y se renueve cada vez. Pues si cada uno tenemos un pedacito del todo, solo debemos ser sinceros entre nosotros y no desechar ninguna parte para poder armar el rompecabezas.

Entonces, tomando como base la unidad e indivisibilidad del ser, diremos que cuando Yo acciono, Eso no, eso es accionado; y cuando Eso acciona, Yo no, yo soy el modificado. A no ser que estemos ambos en armonía en la acción, o sea, nos modifiquemos juntos, que es la unidad en la diversidad; o no accionemos ninguno de los dos, que es la diversidad en la unidad.

Cuando la armonía de la felicidad es, ésta aparece y me pregunta (sutilmente como una esfinge): ¿cómo llamas a esta armonía, con la cuál te identificas a pleno? La misma plenitud pregunta por su forma, entonces imbuido de felicidad respondo: ¡tal cosa! o ¡tal lugar! o ¡fulanita/o!; entonces, la plenitud nos botará de sí para dirigirse hacia Eso. Por ver la plenitud exclusivamente allí, me separo de la plenitud aquí. Efectivamente hay libre albedrío, una etapa del movimiento en la que tenemos nosotros el timón, y en la que debemos ser precavidos, y cuidadosos, e imaginativos, y bondadosos, y compasivos, y verdaderos, y dispuestos, y atentos, y abarcativos, y... para que al final, cuando se nos haga de noche, usen esa misma vara con nosotros. Porque así como pregunta la plenitud, también pregunta el odio; por lo tanto, el placer es el placer de todos, o de sí mismo, y el odio es el odio de todos, o la ira de Dios. Al ser la ira y el placer de Dios, o de todo; o sea un sentimiento común de todos, no se personaliza y se evitan invertidas repeticiones (venganzas) y desvíos a la verdad (la imaginería del honor) que llevan a malas creencias, conflictos y guerras.

Teniendo en cuenta la división del ser en idea y fuerza, podríamos decir que cuando Yo conozco y domino la idea, entonces Eso siente su fuerza; y cuando Yo siento la fuerza, Eso conoce la razón, el sentido del movimiento. Cada uno se identificará y apoyara su acción sobre lo pensado, o sobre lo sentido, o tratará de separarse de alguno de ellos para poder distinguirse. Generalmente uno tenderá a la acción y el otro a la quietud, a la novedad y a la tradición, al gozo o al descanso.

Cuando Yo pienso en Eso, Eso inevitablemente debe tomar el lugar del Yo en el sentimiento, por lo tanto Eso expresará un sentimiento hacia sí mismo. Yo me dirijo al objeto, entonces el objeto se atiende a sí mismo, se fortifica, y pasa a ser el Yo, y yo paso a ser Eso en que me pierdo. Y al contrario, cuando yo atienda a mi persona, habrá algo dirigiéndose hacia mí; siempre que Yo piense en mí, habrá también un Eso sintiéndome, que podría ser una persona expresando algún sentimiento por mí, o simplemente Dios amándonos. De la misma manera, si Yo expreso algún tipo de sentimiento hacia alguna persona, esto generará una persona que piense en sí misma, tome conciencia de sí, y en el caso de un objeto se reafirme su forma. Inferimos esto ya que en la totalidad ninguno de los elementos puede desaparecer, están todos implicados en el mismo movimiento, mismo mundo, misma realidad. No es que una persona piense y la otra sienta, lo que acá queremos indicar es que en cada situación en particular, existen una conciencia y una corriente de fuerza, y cuando yo atiendo u ocupo uno de los dos, si Eso no se pone de mi lado debe habitar el otro. Como en la totalidad del planeta que se vive tanto de día como de noche al mismo tiempo; si yo me tomo por una persona es porque siempre hay otra no-persona que es y hace siempre lo opuesto, es el principio de la física de materia/anti-materia. En nuestro presente inmediato, cuando uno camina, sería lo caminado; ya que al caminar hacia adelante inmediatamente lo caminado va hacia atrás, la materia es siempre diametralmente opuesta a nuestra mente, y cuando se agrega una segunda persona ésta tiende a representar ese lado. En la danza cuando uno lleva, el otro es llevado y viceversa, al masculino se confronta lo femenino; si no fuera así no podríamos distinguirnos como personas, y cuando contemplo ambos dominó la situación. Soy el que camina y lo caminado, soy uno con los objetos, fluyendo armónicamente en la acción que se presenta.

En sus formas puras, el pensar, el sentir y los cuerpos no producen contradicción, son una misma unidad en la trinidad, una misma existencia en la diversidad; pero en su división, la fuerza o sentir del ser se dirige hacia ciertas experiencias u objetos, y se aleja de ciertas otras, si la energía crece de un lado es por que disminuye del otro. Todos nuestros sentimientos se resuelven en expansión-fuerza-atracción, contracción-impotencia-aversión y contemplación-armonía-indiferencia. O me agrada o me desagrada, o siento indiferencia y paso a contemplar lo dado si no puedo permanecer en armonía; esta indiferencia me hace pensar, da paso al pensamiento. En la división del pensamiento, el Yo se identifica con algunas ideas y con otras no, se las otorga a Eso. Las ideas, acciones u objetos, son propios, ajenos, o me pregunto teniendo que dar paso a la materia de acción espontánea buscando respuesta. Y en la división de la naturaleza, se distingue la oscuridad y la luz alternándose y vibrando en distintas intensidades y amplitudes, y son la base de la formación de todos los objetos conocidos por los sentidos físicos. Esto nos lleva a una nueva división, dentro de la primera división en conocedor, conocimiento y conocido; el conocedor se auto divide en propio o ajeno, soy yo o es otro el que conoce; el conocimiento se auto divide en contracción y expansión; y lo conocido o la materia en luz y oscuridad.

Entonces ya sea a través del pensamiento, del sentimiento, o la materia; Yo me relaciono con Eso afirmativa, negativa o indiferentemente. La neutralidad sostiene a ambos en la armonía y se sitúa junto al término más abarcador, y nos otorga la posibilidad de relacionarnos con los opuestos en una acción. Este punto armónico e indiferente puede ser representado tanto por el yo, por la acción o por el objeto; y puede expresarse tanto en los pensamientos, como en los sentimientos y en lo que vemos. Los otros dos forman su propia trinidad personal con las posibilidades restantes, creciendo en un cuerpo de afirmación o negación.

Los objetos que vemos son un reflejo de nosotros mismos, por eso podemos decir que si pensamos en el bien o lo bueno de alguien, aparecerá posteriormente alguien que piense bien de nosotros; pero tanto éste como nosotros mismos nos sentiremos en grado molestos en el intervalo entre un bienestar a otro. Cuanto más quiera a una persona en especial, más nos cobrarán ese "especial" los otros "no especiales"; sumado a que cuanto más me afecte una persona, más se regocijará en su orgullo y se sentirá con el poder para un montón de cosas. Todos sabemos que la vida es transitoria, pero de todas maneras edificamos "especiales" todo el tiempo y a veces hasta pretendemos eternizarlos. Todas las personas son el mismo uno mismo; por esto lo indicado es no pensar ni bien ni mal de Eso, sino ser uno con el mal o el bien de Eso, que es la compasión; ponernos del lado del otro y llevarlo poco a poco al equilibrio y unidad. Si aceptamos lo bueno que se dice y espera de nosotros o de los demás como verdad, tendremos responsabilidades que cargar y que cuidar que no buscamos, sacrificios que cumplir, males que pasar y sólo entonces y pasado un ciclo más nos volverán a premiar. Mucho menos debemos aceptar lo malo que se dice; que es así por quienes dicen que lo bueno no es tal en nosotros pero si en ellos, y algunos se creen tan pero tan buenos, que llegan hasta querer castigarte en nombre de su suprema bondad. Pero la realidad es que quien gratuitamente y sin hechos remarca imperfecciones en los demás, de seguro esta por cometer un gran error.

Parece indiferente a qué objetos dirijo la atención, si veo como "buena" la luz o la oscuridad, siempre ubico el "buena" de mi lado, y siempre habrá más de aquello que veo como bueno; aunque algunos de aquellos nos hagan evolucionar y otros involucionar. Es por esto que yo mismo me iré transformando en el fruto, la consecuencia de aquello que veo como bueno. A cada cual su objeto de preferencia; aunque si este no es propio y es muy pretencioso, pues nuestra imaginación lo llevo al lugar más recóndito y dificultoso, tendremos que pagar un precio alto de sacrificio y soportar lo malo un rato, que es la distancia a la que nos pusimos de lo bueno. Si quiero ir hacia Eso tengo que dejar esto, si me gusta el día voy a tener que pasar la noche y viceversa. La acción que elija para relacionarme con aquello también es indiferente en sí misma, es un mismo fluir que despliega gran cantidad de diferentes corrientes, y sobre cualquiera de ellas el día llega lo mismo. Hasta en aquel objeto del gusto notaremos también, que cuando lo dejamos pasar, al tiempo reaparece por sí solo. Cualquier cosa que haga tiene efectos de agrado, desagrado, o indiferenciado cuestionamiento alternadamente; aunque el verdadero valor se ubicará donde yo, la acción y el objeto fuimos Uno, y el gran problema se presentará, cuando creamos que esa acción o que ese objeto que se presentaron en el momento de la unión, sean los únicos poseedores de la posibilidad de unidad. Cuando comenzamos a pensar así nos sumergimos más y más en nuestro propio mundo de auto-dependencia por ciertos objetos o situaciones. Sin embargo, habiendo perdido la unidad, lo más eficaz es recordarla mediante la concentración en las acciones de contemplar, conocer y amar; éstas nos acercan naturalmente hacia la unión, dado que son los primeros movimientos, las acciones primarias de los sentidos, el pensamiento y el sentimiento. También podemos meditar en algún objeto que represente a Dios, a lo trascendente; de esa manera y en cierto sentido nos convertiremos en aquello aunque en un primer momento parezca fantasioso, irreal e imposible. Si nos concentramos en objetos limitados, nosotros mismos sufriremos sus limitaciones, cuando otro ciclo comience.

La unidad del año se divide en cuatro estaciones: 1-Yo digo sí a Eso, 2-Yo digo no a Eso, 3-Eso me dice sí a mí, y 4-Eso me dice no a mí. Y así como el ser se identifica en la primera mutación con la unión o con la división, así nuevamente, el ser luego de una nueva división se identificará con una de estas cuatro; tomándola como real y absoluta, la hará su cuerpo, y tendrá que moverse dentro de las otras tres posibilidades. De ésta manera, muchas personas basan su vida en uno de los cuatro discursos y la gastan resistiéndose y justificándolo ante los otros tres, aunque todos tengamos constantemente las cuatro experiencias. Somos conscientes sólo cuando sabemos esto y no adoptamos ninguna de estas cuatro posturas. Cuando la división es, en toda situación en que nos encontremos se podrán identificar estos cuatro puntos de vista actuando e interactuando entre sí; y el énfasis con el que yo insista en identificarme con cualquiera de ellos, determinará el tipo de relación que tenga con los demás. Cuando el énfasis es muy obcecado esa persona llevará una vida violenta; si es medio, una leve hostilidad; y si es mínimo, una relación pacífica que lo acercará conscientemente a la unidad.

Según estas posturas podríamos definir las dos principales maneras de ver el mundo; la mitad del vaso lleno y la mitad del vaso vacío, que se han transformado en personalidades dominantes:

-Quien piensa si Eso (si-Dios o si-lo que sea) y siente atracción, va hacia Eso, lo afirma y lo coloca sobre sí, negándose a sí mismo. Eso, puede ser otra persona o puede encontrarse en un futuro, algo bueno a lograr, una idea, un objetivo. El Yo se pone al servicio, y muchas veces hasta se siente ignorante y en falta frente a Eso, quedando automáticamente limitado. Cuando piense en su objetivo se sentirá bien, pero cuando piense en sí mismo comparado con Eso se sentirá mal, querrá cambiar, ser mejor. Esta persona basará su acción en su deber, que es lo que le falta para llegar a esa perfección. Su acción no es libre, está restringida por Eso, sin embargo proclamará y buscará el bienestar ajeno y la felicidad; ya que motiva a todo el que se le acerca con esa pasión que él puso justamente en Eso; por lo tanto también la proyecta en cada uno de Esos otros que se acercan, para que puedan amar de la misma manera. Hace lo que Dios, o hasta el otro le dice, porque los ama. Esta es la vida devocional: el Cristo.

-Quien piensa no-Eso (no-Dios o no-lo que sea) y siente aversión, se aleja de Eso, lo niega y se antepone dejándolo atrás por ilusorio; cree ser distinto aunque nunca pueda separarse completamente de los objetos y quedar realmente solo. Se siente bien en detrimento de Eso; al pensar en sí mismo se sentirá bien, pero cuando piense en Eso se sentirá mal y querrá cambiarlo. Aunque nunca podrá cambiarlo hasta ser como quiere porque simplemente el objeto siempre será distinto al sujeto, es lo que distingue de sí; entonces también objetiva al Yo que distingue y llega incluso a la negación de sí mismo. Esta persona basará la acción en su voluntad, hace lo que él quiere con Eso de lo cual se separa, se libera y desvincula, y hará siempre lo que a él le parece primero. Siempre les recordará a los demás el dolor de desarrollar descontroladamente su libertad, y a que deben atenerse; y les señalará la ilusión en la que viven y el deber de liberarse, aconsejándoles su método infalible que tendrían que practicar. Esta es la vida racional: el Buda.

Los dos extremos, quien se centra en el Todo y quien se centra en la Nada, en el objeto o en el sujeto, finalmente alcanzan el mismo destino, pues ambos se funden en algo más allá de ellos mismos. Así, llegamos a la conclusión de que la libertad busca el límite, y el límite la libertad, aunque siempre estén ambos implícitos. Sobre la base de estas divisiones y diferenciaciones surgen todos los discursos y problemas del hombre; y con sólo escuchar lo que proclamamos y exigimos veremos qué tipo de personalidad adoptamos.

En la práctica, cada vez que adoptamos un verbo y deseamos desarrollarlo con otra persona debemos tener en cuenta sus dos caras. Y cuando contemplamos estos opuestos encontramos que: -cada vez que piense demasiado bien de una persona, ésta se sentirá mal consigo misma; -cada vez que piense demasiado mal, esta se sentirá bien consigo misma; -cada vez que me sienta o piense bien de mí mismo, habrá alguien que se sentirá o pensará mal de mí; y -cada vez que piense o me sienta mal conmigo mismo seguro, encontrare quien se sienta o piense bien de mí. Dicho de esta manera parece un laberinto sin salida, pero el bien y el mal del que hablamos se refiere siempre a un particular verbo elegido, y sobre todo debe entenderse en términos de grados de intensidad. Primariamente bueno es hacia dónde vamos y malo de donde nos alejamos, y éstas direcciones del movimiento pueden presentarse en distintas amplitudes, pues son energía. A cada grado de atracción corresponde un determinado grado de aversión, cuando sobra de un lado es porque falta del otro. Podemos comprobar esto cada vez que cambiamos la atención de nuestro pensamiento; si estamos pensando en nosotros mismos, sentiremos una de las dos fuerzas; y si queremos, tenemos la posibilidad de concentrarnos en la segunda y tercera persona, y así comenzar a sentir y pensar lo opuesto. Como cuando deseamos al pensar en un objeto, y al pasar a pensar en nosotros mismos, sentimos miedo de perderlo o impotencia de no retenerlo; así giramos en el verbo. De menor a mayor intensidad los pares de opuestos serían: gozo-paz, curiosidad-vergüenza, alegría-tristeza, orgullo-celos, ansiedad-molestia, excitación-ira, deseo-miedo, obsesión-desesperación, vicio-dolor. Tendríamos que cambiar para mejor entendimiento, las palabras bien y mal por los pares correspondientes; para que cuando diga que otro se siente mal cuando yo pienso bien de él, tengamos en cuenta el grado de intensidad. Si yo tengo pensamientos agradables hacia otra persona, generaré que ésta se sienta tranquila y serena; puesto que el primer par de opuestos son el gozo y la paz. Pero si yo la lleno de halagos y empiezo contar intimidades, esta persona empezara a sentirse incomoda y luego cohibida; y si yo me sobrepaso y me excito, seguramente comenzara a irritarse, más cuando yo empiece a exigir por todo lo que ésta persona tendría que hacer, le provocaremos miedo de ser arrastrada por nuestros delirios; y así sucesivamente.

Cuando alguien ríe por algo siempre hay una tristeza incluida, pues todos ríen ante las torpezas de otro, que vienen a ser sus tristezas. Pero no son solo del otro, porque pronto se transformarán en las nuestras. Siempre que yo adopte alguna de aquellas posturas estará el opuesto siguiéndome a mis espaldas como una sombra; y aunque destruya a aquella persona portadora de la contradicción, esta contradicción sólo tomaría otro cuerpo. Este mundo es transitorio y como tal debe tomarse.

Ahora concentrémonos en los elementos que nos componen y que encontramos en todos lados: pensamiento-(sentidos)-sentimiento -- negación-(neutralidad)-afirmación -- sujeto-(instrumento)-objeto; estos son los principales personajes de nuestro entramado humano. El contacto entre la conciencia y la fuerza, y su concentración, hacen al movimiento rítmico del verbo que crea luces y sombras, y al mundo material que se mira desde un sujeto. Así a estas partículas las vamos a encontrar en todos lados en donde estemos; siempre habrá primero un pensamiento, sentimiento y movimiento, positivos, negativos y sombríos, y luego tres personas en el ambiente (el, vos y yo). Cada par con su punto medio, en su propio grado y ciclo se combinan para darnos forma. El punto en común va de uno a otro y relaciona ambos opuestos, esta palabra se pronuncia cada vez que el pensamiento vuelve sobre el sentimiento que le cautiva, de esta manera se vuelve como para atrás. Dándole vueltas a aquella particularidad, uno le da nombre y se encarna a sí mismo en un cuerpo de tres dimensiones que mantiene en balance ese sentimiento dentro suyo; en su corazón que late por Eso, y que mira con intriga todos los otros lados que dejo afuera y que conforman su nuevo humano escenario; pues debido a esa elección ha perdido de vista el movimiento original. Por esto el verbo debe devolverlo a ese origen más tarde, siendo elegido, o sea, transformándolo primero en objeto sufriente de esa elección, así el que ama será amado, el que odia será odiado; y nunca estrictamente por el mismo objeto.

Cuando uno pierde la visión del todo y su ritmo natural entonces elige sus partículas y se aferra a sus identificaciones, dejando las otras afuera de sí mismo; por esto mismo le reclamarán constantemente desde el exterior.

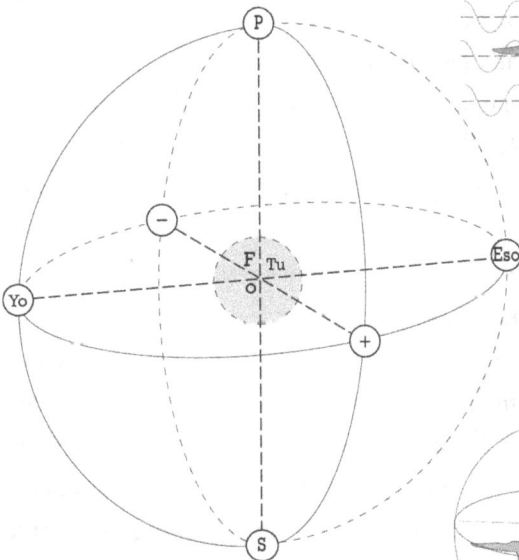

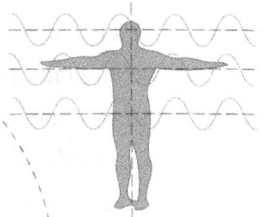

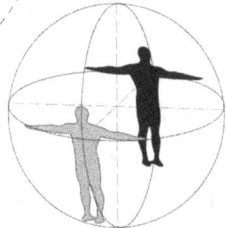

Yo : Sujeto / 1ra Persona
Vos : Instrumento (Verbo) / 2da Persona
Eso : Objeto / 3ra Persona
S : Sentimiento
P : Pensamiento
F : Sentidos Físicos / acción
– : Negación / Aversión
+ : Afirmación / Atracción
0 : Neutro / Indiferencia
: El círculo representa a la concentrada relación
entre cualidades como la formación de una partícula de tres dimensiones
: Las cualidades.

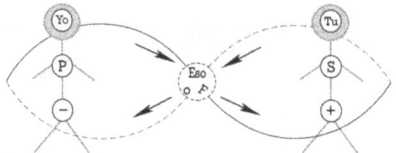

En el gráfico de la esfera podemos ver ordenadas nuestras partículas principales, e identificar qué combinación de cualidades adoptamos para relacionarnos con Eso, y también cuales son las que le queda a Eso para relacionarse con nosotros, pues si este encuentra ocupado uno de los caminos deberá adoptar el otro momentáneamente. O dicho de otra manera, al identificarnos y juntar tres de estos términos creamos un nuevo átomo de tres partículas, y también creamos su sustrato de anti-materia. Por eso se dice que no hay sonido si no hay nadie que lo escuche. Lo mismo que en el hablar y escuchar, ocurre con mirar y ser mirado, en amar y ser amado, en conducir y ser conducido.

Si me siento mal, alguien más pensará en el bien necesario para restablecernos. Pero si yo pienso en el gran bien que puedo obtener, alguien más, que representará a aquello de donde es tomado el bien, sentirá el mal. Si se me ocurre hacer una gran pirámide, probablemente millones serán explotados, y sus penas habrán logrado que alguien piense en el bien (de deshacerse de mí y mis grandes ideas); así también yo me sentiré mal más tarde. Se forman de ésta manera los pares de sensaciones opuestas que mencionamos anteriormente; estas sensaciones opuestas (hablar y escuchar, hacer y no hacer, gozar y dejarse ir, reír y llorar, satisfecho y esforzado), se alternan constantemente formando ciclos.

Cuando el Yo es un interior que nadie conoce más que uno mismo, y también los objetos poseen su invisible predisposición, vamos a encontrar un desconocido de tres dimensiones, un interior propio con otras tres dimensiones y una comunión compuesta por otros tres. Por eso cuando nos confrontamos y uno de nosotros se identifica con tres de estos términos y no deja al otro unírsele en ellos, a la otra persona el único rol que le queda adoptar es el de los tres términos que quedan. De aquí deducimos y nos damos cuenta entonces, que para obtener un resultado positivo en el exterior nos basta con negar al Yo, a nosotros mismos; esforzarnos, trabajar, posponernos en favor de otros. Al vaciarnos por dentro y atender al exterior, lo llenamos, y gracias a ese trabajo, el árbol se siente cuidado y nos da su fruto. Y en el caso de sentirnos ignorantes, generaremos algo que piense o sienta en bien de nosotros y quiera cuidarnos.

Se podría pensar fácilmente que para obtener algo bueno del exterior voy y lo tomo sin ningún trabajo, sacrificio o negación, y es completamente posible, y algunos tratan de hacerlo siempre así; pero al haber optado por lo positivo primero, lógicamente lo negativo le seguirá. Además si eso bueno era ajeno, no solo he conseguido un botín, además he conseguido un nuevo enemigo en espera de venganza; y este sentimiento se expresará a través de cualquier otra persona o situación. Todos huyen del abusivo, es por eso que para causar rechazo y que nos odien sólo hace falta pensar en el provecho propio con angurria. Y por otro lado, si pensamos en lo fantástico de Eso, generaremos a alguien que se niegue y hasta escape de sí mismo; como muchos artistas idolatrados que terminan locos o suicidándose. Igualmente no podemos dejar de pensar en lo bueno porque es la dirección de la naturaleza, la dirección del fluidamente espontáneo movimiento, pues este se dirige siempre hacia la luz. Pero lo que si podemos es no arrojarnos sobre Eso, que no sea tan desesperado, eso llega, florece y pasa, no debemos agarrarlo, presionarlo y menos engordarlo y seguirlo a todos lados para luego convertirse en lo malo por no cumplir nuestras expectativas. Por eso nos han enseñado que lo único realmente bueno es solo Dios. Al mirar de esta abarcadora manera nos damos cuenta que dentro de uno mismo fluye el mundo cambiando constantemente, y que el desconocido infinito se abre ante nuestros pies.

Igualmente, lo mejor que se puede hacer para disminuir las dificultosas lejanías de las afirmaciones, que es lo que nos provoca el dolor, es identificar en toda situación que me afecte, dónde se ubican cada uno de estos elementos: con cuáles me identifico Yo y con cuáles Eso me mira. Conociendo el presente y el pasado de mi relación con Eso puedo fácilmente pronosticar el futuro. Dicho de otra manera, cuando conozco mi interior, y conozco los puntos comunes, entonces se deducen los restantes elementos con los que el otro me mira, y que me tocará mirar a mí más tarde, en algún otro momento. Así, en este ir y venir, sucede que nos vamos pasando esos puntos comunes como una pelota; cuando nos llega la pelota, con lo que hacemos, decimos y queremos le cambiamos la carga, y la lanzamos al otro lado; y así, el otro nos contesta esa carga nuestra con otra. Pero la vida no es un juego de pelota, nadie gana en la vida, quién piensa que gano algo es porque ya lo está perdiendo. La existencia es un balance perfecto, no hay ganancias, no hay pérdidas. De esta manera, cuando las situaciones las llevamos en paz y se vuelven agradables, nos dirigimos naturalmente hacia la unión.

Mutaciones:

Las cuatro posturas que nombramos anteriormente están representadas en la naturaleza por las cuatro estaciones del año, cada una de las estaciones representará al fuego, al cielo, al agua o a la tierra, (esto también lo muestran los orientales en el Libro de las Mutaciones); y estas cuatro estaciones se subdividirán de acuerdo a su período de auge o declinación. Esta nueva división se debe a que cada uno de los cuatro elementos toma para sí un cuerpo cerrado y cíclico en sí mismo: se forma el ser vivo que respira estos movimientos. Los cuatro elementos, debido a la diferenciación, forman un ser propio dentro de sí mismos que los contempla en la distancia, usa de ellos en apariencia, pero en esencia él es el instrumento que los elementos usan para modificar su mundo. Este interior y exterior de los elementos se pueden sintetizar en ocho etapas o subdivisiones en las que se desarrolla cada movimiento que realiza nuestra naturaleza; estas se distinguen hasta cuando tomamos agua, y se expresan también en diferentes personalidades. La persona se identificará o adoptará una de las ocho posturas, y se moverá dentro de las otras siete mientras no mute a la siguiente; cada una de éstas representará una función y tendrá una determinada cualidad para que se complete el movimiento. Estas cualidades y funciones están perfectamente descriptas en el "Libro de las Mutaciones", nosotros vamos a hacer una lectura de tendencias en el comportamiento del individuo. Lo que llamamos Yo, es el sujeto, el sustrato, la conciencia pura; y lo que llamamos Eso, representa antes que nada a Todos los objetos al unísono, junto con todas las emociones y pensamientos que en su sacrificio se desparraman ante nuestros ojos pasmados de Yo. Y según la mirada de la persona, ese Todo se transformará en algo objetivo, real, que la confronta y llena su vida de sentidos que encaminan su accionar. Cada uno adoptará su Eso favorito, y aunque pareciésemos nosotros los adoptados por el Mundo en una primera instancia, surgimos ambos en el verbo, con un movimiento circular que depende como lo mire, voy o viene; este movimiento de la naturaleza humana será el mismo para mí y todos Esos elegidos o no. La variable que hace la diferencia ante la vida es la amplitud de nuestro obcecado libre albedrío hacia los objetos; y la trascendencia es la conciencia de unidad.

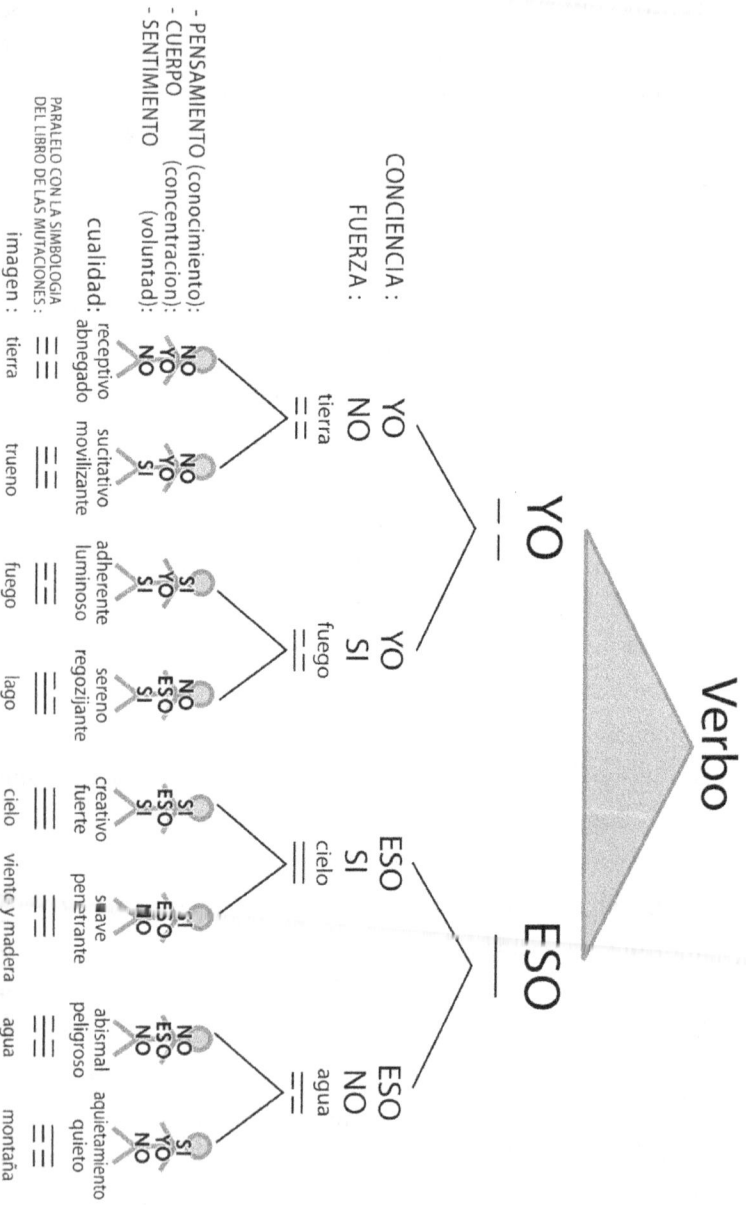

- PENSAMIENTO (conocimiento):
- CUERPO (concentracion):
- SENTIMIENTO (voluntad):

CONCIENCIA :
FUERZA :

Verbo

YO

ESO

YO
NO
tierra

YO
SI
fuego

ESO
SI
cielo

ESO
NO
agua

cualidad:
receptivo abnegado — sucitativo movilizante — adherente luminoso — sereno regozijante — creativo fuerte — suave penetrante — abismal peligroso — aquietamiento quieto

PARALELO CON LA SIMBOLOGIA
DEL LIBRO DE LAS MUTACIONES:

imagen : tierra — trueno — fuego — lago — cielo — viento y madera — agua — montaña

74

Comencemos en la plena oscuridad de lo desconocido e inamovible, con sus siguientes cualidades: [-En el pensar: ignorancia/negación, –En el cuerpo: sujeto/yo –En el sentir: concentración/aversión]. Un gélido soplo mortal nos paraliza el alma, caemos en la cuenta de lo banal de nuestra vida. Esta forma representa a la entrega en el movimiento, es quien se niega completamente a sí mismo, quien recibe el sentido del movimiento en su pureza, sin ningún punto de vista propio que modifique, reprima o acelere ese movimiento. Lo receptivo se entrega para que el movimiento se realice ante él; es el espacio donde se desarrolla la acción, donde suena el sonido, donde se expresa el destino. Todo está hecho para ese silencioso vacío de sí mismo, pues el Yo es en realidad solo esa vacuidad que de acuerdo a su concentración permite un específico desarrollo del Todo, un Eso. La intensidad de la negación estará dada por permanecer demasiado tiempo encerrado en la propia ignorancia e insistir en esa postura; esto generará el no reconocerse, no querer, no poder, no saber hacer nada bien. Y este siempre dejarse llevar de la inercia, nos hará sentirnos frustrados, usados, gastados, tristes, temerosos y con pensamientos autodestructivos. Si crece la intensidad de la negación, nuestra persona se sumergirá en algún tipo de movimiento incesante de escapismo en el que se perderá y disolverá, un suicidio que puede ser consciente o no: "Los demás parecen ser tan inteligentes al lado nuestro", nuestra vida no parece tener sentido, no nos reconocemos nada válido, no encontramos ningún entendimiento. Aunque en realidad sea por esta entrega que el movimiento finalmente se puede desarrollar plenamente y mostrarnos su verdad en un nuevo saber, como cuando después de exhalarlo todo recién inspiramos y nos llenamos de aire fresco. En una intensidad leve podrá renunciar a sus pasiones para entregarse tranquilamente a la silenciosa incertidumbre de lo desconocido, como en un sueño profundo; después de haber entregado anteriormente todas nuestras energías a Eso. Su cualidad es ser abnegado y su imagen es la tierra.

En el interior mismo de la oscuridad se oculta la luz, el espíritu encerrado en la materia; así la exagerada concentración colapsa desparramando sus partículas en revueltas fricciones que estallan y dan paso a la luz de una nueva estrella, un nuevo día. La quietud esconde y concentra el salto hacia el movimiento; logrado éste por lo que sembró antes en su seno soñado debido a sus deseos insatisfechos, entonces comienza a expresarlo. Así damos paso a la segunda forma o etapa, ésta representará lo movilizante, lo suscitativo: [En el pensar: ignorancia/negación, -En el cuerpo: sujeto/yo, -En el sentir: expansión/atracción]. Sin saber cómo, se encuentra a sí mismo frente a un explosivo bienestar, y su imagen será el trueno. No tiene conocimientos pero es impulsado por su fuerza hacia el movimiento, como una sed que se enciende y no se sabe qué hacer; así comienza la búsqueda, la fuerza empuja tanteando por donde puede salir, como una semilla. Si uno queda empecinado en esta postura, sólo logrará la negación de una fuerza que se comenzará a acumular y que nos arrastrará hacia fuera como un recién nacido. Pudiendo generar incertidumbre, torpeza, y hasta llegar a lastimarnos al accionar impulsivamente, por la presión en la represión del pensamiento sobre la fuerza creciente que se manifestará como un trueno cayendo a nuestros pies, y abriendo, despabilando y excitando la semilla de su letargo. En su suavidad es cuando nos sentimos bien sin ser nosotros la causa, gozando de nosotros mismos por el solo hecho de estar vivos, amando nuestras curiosas imperfecciones y hasta sintiéndonos a gusto y bien cuidados en nuestra ignorancia; como niños. Cuando nos entusiasmamos más, hasta nos divertimos con lo mal que hacemos; pues causa agrado el gran revuelo que ocasiona.

Pero más intensamente todavía, tiende a expandirse sobre lo que no debe.

Ahora, este sentimiento agradable, esta fuerza adquirida, desplaza la ignorancia de uno trayendo al pensamiento todas nuestras posibilidades; generando así una idea que la encamine y la conduzca. Esta es la tercera etapa; es la persona que se afirma a sí misma desde el bienestar. [En el pensar: conocimiento/afirmación – En el cuerpo: sujeto/yo – En el sentir: expansión/atracción]. Al caer el rayo sobre la tierra generó el fuego, lo luminoso, lo adherente. En el simple caso de tomar agua: ya sabe que lo que quiere es agua, y sabe de dónde va a sacarla. Ahora ve que puede realizar su albedrío pues posee todas las condiciones para ello. La insistencia en este estado será una manada de orgullo que lo lanzará a la cúspide del desequilibrio, pues nada querrá tocarlo realmente por miedo a ser devorado por las brasas de su arbitrariedad. Ya que el fuego arde porque consume de la tierra que le da su combustible, y el sujeto arde por su pasión de referencia de la cual se alimenta la identidad; y todo lo consume en nombre de su sed, o aquello que considere su idea, su poder, riqueza, fama, prestigio o descubrimiento. Sana y levemente es la fascinación de sí mismo, lleno de vida y vigor en busca de lo mejor de nuestras posibilidades. El Yo que logra pasar adelante es aquel que deja de pensar en sí mismo, y tiene en cuenta y se dedica a mejorar aquello, basando su acción en sanar las honduras del problema; es por esto que vivir equilibrado con el opuesto es la base de una vida saludable. Entonces en el siguiente estado, como Yo poseo la completa afirmación me encontraré luego con lo negativo de Eso.

El fuego en actividad encuentra al agua en reposo, cuando lleva su mirada al otro lado se ve reflejado en el lago. Así se crea la nueva etapa: [En el pensar: ignorancia/negación, –En el cuerpo: Eso/objeto, –En el sentir: atracción/expansión]. Su atención está puesta en Eso, como en un camino desconocido por recorrer que le atrae, como el velo de una cortina que deseamos correr, como en algo que hay que cambiar, la prueba y error. Automáticamente después de pensar lo bien que uno se siente y sus posibilidades, piensa sobre todo lo necesario para modificar a su antojo Eso que necesita. En el caso de beber el agua: como ir hasta el río, abrir el grifo, o buscar un vaso. Más alegremente, es atraído a arreglar lo que piensa que está mal y podría estar mejor; esto le da a la etapa la cualidad de lo regocijante de la aventura. Pues Eso que no concuerda con sus ideales no desplaza el bienestar, mira con atracción la distante separación, le atrae sobremanera la idea de poder cambiarlo, como un inventor, o como un padre cuando corrige a su hijito. El empecinarse mucho en un ánimo posesivo, causará el gusto por expandirse sobre las imperfecciones y pequeñas desgracias con una actitud de burla y abuso hacia los demás. Y más desequilibrado aún el que se acerca para perjudicar a Eso, este cava cada vez más hondo su infortunio al incrementar la intensidad sobre sí mismo, pues vuelve a la postura anterior sin querer seguir adelante. Hasta que esa presión lo empuje directamente al contrario, sin encontrar plenitud; pues para esto es necesario que el bienestar propio llene la carencia de Eso, equilibrando la balanza para bien de ambos.

El tomarse el trabajo de modificar el ambiente produce efectos, de esa manera puede la persona finalmente encontrar el agua y beber, o encontrar la consecuencia, el sentido, la solución, el amor. El sujeto hace contacto directo con el objeto y lo conoce verdaderamente. Eso nos sorprenderá con algo inesperado y encantador, como la manzana de Newton que en parte por el trabajo, en parte por la fe y la providencia Eso se revela finalmente, pudiendo saciarnos. En un principio la relación de un movimiento, un verbo, con el efecto producido nos sorprende;

pero luego con las repeticiones lo ajustamos, practicamos y dominamos. La transparencia del lago refleja el cielo, creando el efecto de una más amplia comprensión, un nuevo punto de vista. Esto es de por sí un acto creativo como la cualidad de la etapa lo indica, y su imagen será la del cielo, lo más fuerte: [En el pensar: conocimiento/afirmación, –En el cuerpo: Objeto/Eso, -En el sentir: expansión/atracción]. En esta etapa se establece el acierto, la verdad, lo importante, el Dios a seguir; y lo que destaque del todo, constituirá el punto de apoyo, la semilla del próximo movimiento una vez que concluya el que está en desarrollo. Por esto, nuestra próxima vida se llevará a cabo en los escenarios imaginados en la vida actual, y ésta se desarrolla sobre lo amado de la anterior. Según la lógica nos convertiremos en Eso que amamos anteriormente, y de esta manera iremos evolucionando; elegimos efectos, modificamos el mundo y en base a esa experiencia construimos el que sigue, y así hasta trascendernos.

Ahora, al igual que un pintor cuando termina de pincelar el cuadro, se aleja para observarlo desde distintos ángulos, o como el músico escucha su obra, cómodamente sentado desde fuera o grabada, o como un constructor cuando termina de armar su obra y la ve cumplir su función a la perfección; así también, uno sigue afirmando a Eso en el pensamiento pero comienza a alejarse. Al comienzo levemente, para poder verlo justamente de distintos ángulos, desde sí mismo, desde donde comenzó todo; se mantiene a distancia y lo observa, halagándolo. Así, afirmando Eso pasivamente, irá influenciando a otros suavemente, sin choque de fuerzas, indirectamente, pues él es quien va en retirada. Se distancia de Eso, siente dejarlo atrás o que se aleja mientras lo llena de alabanzas y quiere que todos lo vean y se enteren; entonces querrá enseñar a otros ese nuevo conocimiento que aprendió. La cualidad de esta etapa será lo suave, lo penetrante:

[En el pensar: conocimiento/afirmación, –En el cuerpo: Objeto/ Eso, -En el sentir: concentración/aversión] afirma Eso desde su tranquila retirada, y su imagen el viento vertiendo en la madera los beneficios de la luz del cielo. Tenemos el agua pero nuestra sed ya saciada comienza a estar saturada, viendo que lo mejor es pasársela al otro para que beba. Una terca posición en esta etapa dará por resultado una especie de ideal por el que consiente en sentirse mal, como quien queda mirando lo bueno que fue, que no puede ser más y que se aleja, y ahí se quede mirando por años el horizonte creyendo que Eso volverá en cualquier momento, o que lo obtendremos a la fuerza.

Llegará no obstante el día en que se dará vuelta y aceptará que de Eso ya tuvo demasiado; y como realmente ahora no lo necesita, lo deja ir. Pero peor estará para aquel que no puede dejar de fumar o dejar de comer, o dejar de ganar dinero; estas cosas le gustan pero la avaricia y el vicio ya le hacen daño, entonces aparecerá de repente lo limitado de Eso transformado en malo por su exceso a través de alguna mala situación o enfermedad. Pero siendo mesurado, los pensamientos atenúan la separación, encontrando en la falta de Eso, que no es necesario por el momento y debemos dejarlo ir; debemos pasar el agua sin tener miedo de soltarla y de que nunca más podamos beber. Cuando uno necesita tanto y se hace dependiente, llega un punto en que Eso que nos dio satisfacción en un momento, al próximo está de más y nos produce lo contrario. Esto puede sumergirnos en las profundidades, y llevar nuestra ira a volvernos peligrosos; que es la cualidad de esta etapa: [-En el pensar: ignorancia/negación – En el cuerpo: Objeto/Eso, -En el sentir: concentración/aversión]. Eso fue suficiente, no más Eso por ahora, debe volver a sí mismo. Pero a veces, hasta llega a querer escapar de aquello que el exceso y dependencia de Eso le provoca, alejándose de su suerte como el agua en movimiento que busca lugar donde reposar, metiéndose, llenando y erosionando cada hueco, y abriéndose camino a través de las piedras. Una exageración en esta etapa nos llevará a una personalidad en conflicto con el exterior, al encontrar lo que su viciada preferencia a logrado, y que se desgastará inútilmente escapando de su destino y luchando contra la falla de Eso que le causa tanto miedo y repulsión. En una intensidad menor le dará cierta tranquilidad en las acciones, ya que se pasea por entre las cosas sin agarrarse a ninguna, solo las deja pasar, no da gran importancia o realidad a este pasar; tranquilamente, como mucho levemente apesadumbrado, solo contemplará Eso como que cumplió su cometido. Si no resulta como antes es porque al momento no es necesario, y debe cumplirse con cierto balance por un cierto fuego anterior que consumió desmesuradamente.

Pero una vez que piensa en la ausencia o relatividad de Eso, instantáneamente pasa a pensar en cómo lo gozó, que bueno fue para los demás, y hasta como conseguir más. Piensa en el conocimiento que posee y en lo importante que es, y está tranquilo con sus aventuras. Hasta que sucede que lo bueno que piensa que es no le alcanza para sentirse completo ni para lograr Eso que tanto quería. Esto lo confunde y lo lleva a la reflexión, produciendo el aquietamiento, que es la cualidad de esta etapa: [En el pensar: conocimiento/afirmación, -En el cuerpo: sujeto/yo, -En el sentir: concentración/aversión]. Se afirma a sí mismo desde la tranquilidad del descanso; vuelven a la mente los mejores momentos, como el anciano o el enfermo que recuerdan lo bueno que fueron alguna vez. El agua puede reposar tranquila gracias a las depresiones en la tierra que forman las montañas, éstas son la imagen de esta etapa. El Yo se concentra en sí mismo cuando Eso bien o mal termina. En una intensidad leve se sentirá en paz consigo mismo, soñando despierto con lo que haría si pudiera, dando rienda suelta a sus pasiones en su imaginación efímera. Pero si uno insiste en esta postura se sentirá tristemente defraudado en la impotencia de sus buenas intenciones, y más intensamente sólo conseguirá engañarse y perjudicarse al creer que puede, cuando no posee las fuerzas necesarias. De todas maneras esa afirmación, esos sueños en realidad lo limitaban, volviendo así a negarse a sí mismo, dado que de todas maneras ya no tiene tanta sed. La montaña de afirmaciones vuelve a su elemento constitutivo, la Tierra. Nos absorbemos en la pura conciencia receptiva, en el momentáneo descanso; ya que la tierra nos cuidará como a nuevas semillas, para resurgir en el tiempo y espacio de lo creativo, y dar comienzo a un nuevo ciclo del movimiento.

Todos experimentamos estas etapas de movimiento que produce el contacto con nuestra naturaleza, y en el identificarnos o dejarnos llevar por ciertas inclinaciones o actitudes, produciremos efectos en el mundo que nos rodea, por eso también vamos a encontrarnos con cualquiera de esas actitudes en el exterior. Esto generará sesenta y cuatro posibilidades de combinación más definida y delineada todavía.

Se recomienda hacer una segunda lectura
cambiando la palabra "Eso"
por lo que a uno preocupa
o llama la atención.

La experiencia

Todos sentimos primero una intensa y constante búsqueda de paz y plenitud, y tratamos de lograr alguna comprensión razonable de lo que nos pasa a nosotros y al mundo; así nos aferramos a ideas, situaciones y personas depositando toda nuestra fe en ellos. Pero todos estos esfuerzos parecieran no lograr nada esencial, siempre retornamos a un final o destino involuntario, y quedamos completamente desconcertados en cuanto a cómo seguir adelante en la vida; la indagación es seguida por un intenso sentimiento de desasosiego. Ante nosotros se abrirá un oscuro abismo, no habrá ninguna luz que nos indique como es que estamos vivos; todo lo sostenido como real hasta el momento fue un auto engaño, vivíamos fuera de la realidad y a pesar de eso vivíamos; y ahora ni siquiera sabemos qué es la realidad realmente, pues todo se vuelve una engañosa invención propia. ¿Cómo sigo existiendo a pesar de no saber nada de nada esencial sobre esta misma existencia?; no estaremos seguros ni del piso que pisamos, sólo querremos salir de esta desesperada situación, que todo sea mentira. Este período de incubación es natural para la posterior catástrofe final, en donde sólo nos quedará arrojarnos al vacío, entregarnos al destino; y de acuerdo a esa ilusión, autoengaño nuestro, lo desconocido nos contestará con una nueva verdad. Cuando efectivamente se abate la voluntad de vivir, cuando el pensamiento debe renunciar a sus ideas, se produce una purificación en donde se da lugar a la contemplación de la esencia, que es el espíritu. En la experiencia de la naturaleza encontramos la indagación y empuje hacia la luz, el crecimiento, la maduración y la explosión; entonces, de pronto la verdad toma lugar, encuentre donde me encuentre, y Dios nos subyuga con su magnificencia.

Al principio la conclusión de: "Yo soy todo", es ilógica por principio y por experiencia; pues yo no veo que sea la piedra o la flor que sostengo en mi mano que si siento que soy yo. Yo soy, la piedra y la flor son, el hecho de estar es natural, no hay ningún problema ni deseo sobre eso; y cuando nos relajamos, podemos llegar a quedar inmersos en una no habitual sensación de paz y contemplación, donde los límites entre el objeto y uno mismo primero se suavizan y luego, si de esta manera nos mantenemos en esa plenitud, como de un soplo desaparecen. A las dimensiones naturales se le descubren nuevas vistas, se entrecruzan, se mezclan, inter-penetran, ya no puedo decir que no soy lo que veo. E inmersos en esa experiencia, nuestro cuerpo humano desparece, lo buscamos y sólo somos un todo unificado, en donde los objetos normales dejaron de ser, y nosotros a pesar de tal transformación seguimos estando. Somos la mente que todo lo penetra, un fluir de inconmensurables poderes posibles que cambia y se mueve en otra dimensión, sin que nosotros o nuestra conciencia se sienta alterada en absoluto; y se contempla el infinito y su poder de posibilidades. Podríamos materializar lo que quisiéramos con solo pensarlo, transformar el entorno en lo que queramos, como en un sueño, pues es todo solo mente, pensamientos. Entonces surgirá el terror ante este inmenso abismo que se cierne sobre nuestros neófitos entendimientos, como bebés recién llegados al mundo que se ponen a llorar, en las profundidades de un espíritu absoluto somos aterrados por lo que nos pueda pasar, aunque ya nos pasó. Entonces nos aferramos a nuestros deseos del mundo, y volvemos a la experiencia normal; aunque totalmente renovados ante una nueva verdad de nosotros mismos. Esta experiencia de la unidad de todas las cosas y, por lo tanto, del más allá del cuerpo físico tridimensional sometido a la muerte, es la que confirma la existencia de Dios. En el instante de la experiencia lo primero que uno dice iluminado es justamente: "Yo soy todo". La personalidad se afloja de su apretado aprisionamiento y se funde en algo indescriptible, algo que es de un orden absolutamente diferente de lo convencional. Si no existiera tal experiencia que confirme la proposición, ésta sería completamente falsa y no hubiera durado mucho. Tomamos conciencia a través de este Espíritu Santo, Tao, Nirvana, Prana, Logos, o como quieran llamarlo, que la muerte en realidad no existe, pero tampoco existe más el mundo como lo conocíamos; estamos ante una nueva dimensión de pensamiento, ya no hay arriba ni abajo, adentro ni afuera. Podríamos viajar a otros tiempos, estar en la mente de otras personas, conocer sus pensamientos y hasta ver a través de sus ojos estén donde estén; pero estas cosas frente al nuevo universo que se presenta de diferentes caleidoscópicas dimensiones son nada en comparación. Somos el espacio y el tiempo libres, ¿qué podríamos necesitar? Que la experiencia no termine, por supuesto; pero realmente ésta es muy breve, y se presenta cuando ella quiere. Lo peor es que nos gusta tanto el mundo que enseguida en lugar de querer ir más allá, elegimos eso que tanto quisimos de él, entonces somos devueltos sin ningún poder especial, solo el necesario de acuerdo a la situación; que generalmente es el de la compasión, pero sin poder acceder a la experiencia a voluntad, y teniendo que seguir sufriendo ahora sin sentido y por gusto nomás. De todas maneras, la visión nos otorga el conocimiento del océano de donde todos los ríos salen y entran; ya no podemos ser engañados en cuanto a lo importante, a la verdad. Descubrimos finalmente que la realidad nada tiene que ver con la realidad, pues existen distintos órdenes de ésta en la misma materia. No podemos caer tampoco en decir que la contemplación de la unidad es real y la experiencia normal una ilusión; es como el bote que usamos para cruzar el rio, que cuando llegamos a la otra orilla, ya no nos sirve para seguir andando y debemos dejarlo atrás.

El mundo sutil no anula al denso, lo justifica y perfecciona, aunque los objetos pierdan su valor. Por eso, con la visión hay que perfeccionar el mundo en que vivimos, pues la experiencia normal es la misma unidad pero vista bajo un distinto relieve, a la distancia. Tratar de relacionar ambas experiencias de uno mismo, trae equilibrio y unifica.

Amor, pasión y compromiso

La búsqueda de la verdad pareciera que comienza de dos maneras: una, cuando teniendo todo lo que necesito y quiero, no me siento satisfecho y siento necesitar un significado mayor; y otra y más común, es cuando aquello que verdaderamente amamos nos desprecia con su indiferencia. ¿Cómo puede aceptarse un mundo en donde el amor no sea correspondido? La única respuesta posible a esto es que la persona de nuestro amor, poco tenga en realidad que ver con el amor que sentimos; el amor es sentirse uno y en empatía con aquello que se ama, pero no es la persona la que provoca ese amor. Es cierto que cuando el sentimiento del amor se presenta lo hace siempre en cierto lugar e involucrando a cierto objeto, sea éste una persona, un animal, la naturaleza, piedra brillante o experiencia superior; pero no es el lugar o el objeto el que tiene la capacidad para invocar el sentimiento de unión, si fuera así podría hacerlo con las demás personas y con nosotros todo el tiempo, pero comprobamos que esto no es así y que eventualmente el mismo objeto nos ocasionará los más duros sufrimientos. Cuando todo el amor sentido por la otra persona está en uno, ésta solo de afuera lo ve; y solo si el amado se acerca al amante a través de alguna acción conjunta, los roles se invertirán y la otra persona podrá sentirlo también, esto debe ser un "ida y vuelta" para que paulatinamente nos acerquemos a la unión. Pero aunque en el juego no seamos conscientes, esta unidad está siempre presente; no importa cuál sea el objeto, ni a que distancia el otro se encuentre, ni lo que éste haga. El amor es la unidad de todas las cosas, lo realmente permanente, y los objetos son su movimiento siempre cambiante; redescubrir el amor, la unidad en todo, que es Dios, es la verdadera finalidad del alma.

Cualquier cosa o persona que invoque en nosotros, aunque sea por un momento, el ser satisfecho, se convertirá en nuestro objeto amado. Ese instante en el que estuvimos en paz y fuimos cautivados, y que encanto por completo nuestro ser, puede convertirse en el punto de partida de un montón de cosas que hay que hacer, y sacrificios que sortear para mantenerlo. Sinceramente amamos a otro por la propia satisfacción, porque nos recuerda aquella vez que fuimos felices, y por eso nos identificamos y nos agrada sobremanera. En este paso es donde patinamos con frecuencia y el amor se transforma en pasión, en una forma altamente personal y subjetiva, que cambia de momento en momento. Si tuviéramos la entereza de resistir el ir tras esos momentos de encanto, esos momentos se harían más variados y más continuos.

Deducimos por lo tanto que, cuando tenemos alguna idea de cómo el amor tiene que ser, entonces eso no es amor, es pasión. El apasionado afecto que sentimos entre nosotros es tan solo un deseo de amor; o es más bien la delimitación del amor en amante y amado, para que ellos bailen su danza y finalmente se unan. Que la satisfecha felicidad que descubrimos junto a otra persona nos lleve a una relación estable y duradera no se puede nunca asegurar; debe prevalecer un equilibrio en cuanto a poder representar alternadamente tanto al amante como a lo amado, equilibrar la oposición, atender las heridas. En definitiva, como ames a quien elegiste, así te tocara en suerte. Y si eres despectivo con quién te ama, Dios te dará vuelta la cara, cuando más lo necesites; y si le mientes te ocultará la verdad y vivirás en las tinieblas del miedo y la desesperación, imagínate que te hará si la golpeas.

Por otra parte es imposible ser correspondido cuando uno es siempre el amante y el otro lo amado. Lo amado no puede amarnos a nosotros, porque en ese momento no es amante, sino amado por nosotros, hasta que los roles se inviertan. Si uno insiste en ser el que ama todo el tiempo, al otro cuando le den ganas de amar, tendrá que ser sobre otra persona que se encuentre receptiva; y al que le gusta ser el amado todo el tiempo corre el peligro de insatisfacción absoluta por creer que no ama nada. Cuando el amor es correspondido, es la danza que lleva a un abrazo que funde las fronteras, un ida y vuelta que vibra y acerca tanto al amante y al amado en la pureza y unidad que los hace un nuevo ser más grande que ellos dos. Aunque si amaramos a Dios ya no habría personas, ni objetos, y podría hasta perturbarnos el límpido vacío del infinito, y darnos terror el estar inmersos dentro de semejante poder; es el temor a la presencia de Dios, y querremos volver a nuestra pequeñez.

El matrimonio es la celebración de la misteriosa unión de dos personas en una nueva, ya que el hijo no solo es la continuación de la vida, es además el único testimonio real que los unirá para siempre; aunque se separen, el hijo por siempre será la unión de ellos dos. Tomamos los votos matrimoniales, porque nuestra unidad nos ha hecho un nuevo ser más grande, seguro y feliz, entonces nos comprometemos en la danza que busca aquella felicidad; y para no disolver la relación cuando el encanto haya desaparecido y comiencen a aparecer defectos que habíamos pasado por alto, para cuando el precio de la pasión haya que pagar atravesemos el sufrimiento juntos y así accedamos a una nueva felicidad. Si vamos a vivir junto a otra persona debe estar claro de antemano que la plenitud no es otorgada por el otro, ni por sus acciones, ni por las expectativas que podamos tener; pues de hecho si vamos a ser un solo ser debido a las expectativas, fracasará inevitablemente la relación. Podemos provocar placer y alegría, pero nadie le puede dar ni quitar plenitud al otro, la felicidad se presenta naturalmente entre nosotros, no puedo exigirle a nadie que me haga feliz. Debe haber una adaptabilidad mutua, una danza armónica; yo doy mi paso y la otra persona da el suyo, no da el que yo quiero que dé, porque ese es mi paso, no el de la otra persona. La otra persona se comporta de cierta forma porque es incapaz de comportarse de otro modo, si yo quiero que cambie para sentirme satisfecho, la otra persona puede pedirme lo mismo a mí y esto no nos unirá jamás. Cuando miramos el cielo azul, las estrellas, el horizonte, las montañas, oímos el canto de los pájaros, o jugamos con los niños, no hay ningún reclamo acerca de ellos, estamos felices y satisfechos con ellos naturalmente, no le pedimos al cielo que sea verde. Si estas cosas no hacen nada para contentarnos y aun así nos sentimos felices, es porque las acepto como son; la naturaleza despabila a esa persona desagradable, enojada y difícil de satisfacer en quien parece que nos convertimos. Ante nuestra naturaleza somos uno con la situación, adaptados a un mundo que no está haciendo nada en especial para satisfacernos y aun así felices nos sentimos. Los deseos de satisfacción son los reflejos de pasadas satisfacciones que se hacen presentes, no hay nada malo en ellos hasta que se va tras ellos en busca del amor que en realidad está en nosotros siempre.

A veces, pareciera que nos gusta más el hecho de desear, que el objeto en sí. Ese sentimiento que se produce al estar a cierta distancia del objeto, encontramos que no es el mismo cuando la distancia cambia, tal vez al poder acercarnos o alejarnos descubramos que ese apasionado sentimiento se pierde; pero el amor es extensamente infinito, es la unidad de todas las cosas, por lo tanto, solo va cambiando y es imperdible.

Mendigo, Rey y Sabio

Todos comen y son comidos, todos toman y dan. Los reyes son tales, porque no importa a qué el rey se dedique, eso será la comida del pobre; por eso rico es quien tiene algo para hacer, mostrar y dar. Y cómo hay muchos que quieren de eso que él hace, se genera luego la ampliación de la riqueza de su actividad, en popular y material; se vuelve rico porque transforma lo que encuentra y lo devuelve en beneficio de los demás. El rey está en el ánimo, en las ganas de hacerse responsable de la acción; es así como los resultados se le otorgan. Es por esto también que quien hereda o usurpa la riqueza suele no ser verdadero rey; aunque si hay muchos que quieren de lo usurpado por él, pueda convertirse en un rey de usurpadores.

El verdaderamente pobre que nada posee, nada tiene para dar, pero tampoco nada para defender; al no tener nada, tampoco nada le puede ser quitado, y solo se sienta a mirar lo que el rey hace tan entusiasmado. En un estado de equilibrio, el rey suculentamente hiperactivo y el mendigo abusivamente holgazán, son los extremos que hacen al sabio, los dos tienen sentido en él por momentos, así los equipara uno a otro y dejan de diferenciarse. Pero para la vida, es necesario un cierto tipo de distancia para el desarrollo del movimiento social de los distintos roles. El pobre nada tiene para dar porque concluye que el nada puede ni sabe hacer; se podría decir que aunque no tenga cosas materiales tiene fuerza, capacidad de razonamiento y ayuda para dar, pero eso lo sabe quién tiene para dar. El pobre experimenta realmente la impotencia ante su existencia, sin rumbo posible, sin voluntad; condición esencial para poder contemplar el universo que nos supera todo el tiempo en su pureza infinita, por eso, el pobre que vive de esa manera es el sabio. Pero el que no, en lugar de detener el pensamiento en el vacío, infiere que sí tiene que tener, y concluye la carencia; y hasta teme por algo que le debe pertenecer y le falta, y como le falta, él no se puede desarrollar en paz. Éste, como pretendidamente no tiene nada para dar, pide y agarra, y si se queda con lo que pueda tomar y lo guarda, puede llegar a transformarse en un pobre millonario, y en alguien que constantemente usa su vida para querer más y más ("necesito, necesito, necesito"), y a pesar de eso nada encuentra para dar.

En todos nosotros vive el pobre que pide, y se comunica con eso superior que tiene lo que a él le falta; éste nada quiere hacer hasta que alguien o algo le otorgue aquello que tanto cree necesitar, ni se encuentra capaz debido a que no considera otras opciones por dónde ir; representa a la quietud. Así también poseemos interiormente al rey, al más rico de ánimo, quién cree en la voluntad de sus pensamientos y sentimientos como lo verdadero, y tiende a ejercer personalmente las acciones que se presentan a ejecutar; hasta pretende a veces ser el benefactor de los demás. El rey representa al movimiento, a la acción; hace con lo que tiene a mano, esto sólo le alcanza, no necesita más, hasta en el lugar más imprevisto en que se encuentre habrá algún objeto con el cual pueda aunque sea pensar y accionar, hacer algo con él.

El sabio no concluye propiedad, él sabe que las ideas no se le ocurren a una determinada persona, ni tal acción la causa otra; para él todo viene de Dios, las personas se adjudican o desaprueban lo que es de Dios. Uno nace y muere sin saber por qué, ni cuando lo quiso así, y dormimos y despertamos fuera de nuestra humana voluntad, por el movimiento continuo de la naturaleza; es por eso que para él la vida sucede fuera de toda humana voluntad. El monje se deja moldear por Dios, pues conoce su propia impotencia ante el universo, y esa actitud de entrega lo lleva siempre a conocer algo nuevo. La acción surge, no la rechaza y se ubica en el lugar que le corresponde para que se desarrolle y pase, se mueve con ella, es uno con ella, pero no se adjudica el conocimiento a sí mismo, por eso no es rey. El sabio nada necesita, y tampoco nada puede dar de él mismo, porque nada toma para sí; él es todo lo que lo rodea, nada le puede faltar, nada le puede sumar, él es el que come y lo comido. Y para poder concretar la pureza de esa visión debe deshacerse de sus acciones y hasta puntos de vista, soltar totalmente la experiencia a su destino infinito.

El monje no soporta la vanidad del rey cuando exclama: "nada quiero realmente, hago por mi gente, que harían sin mí". Algunos reyes se han otorgado el accionar en nombre de la voluntad divina, otros del ser superior, del pueblo y demás; pero nunca aprendieron que instrumentos de dios somos todos, hasta los animales. En sus horas de soledad el rey suplica por sentido, su supuesta genialidad es tal, que no tiene reposo porque tiende a hacerse cargo de todo, y más bien se preocupa mucho por defenderla. El movimiento se queja de sí mismo porque no se da cuenta de que se ha otorgado derechos de la nada, acciones de las que se ha adueñado; y además de perder el balance, con ellas tal vez haya molestado o abusado de los demás. Es por esto que todo rey se acompaña de un sabio o su símil, que lo contiene y le brinda cordura y soltura a su auto impuesta responsabilidad; así es como todo Estado necesita de su Iglesia.

La Iglesia de una determinada comunidad, es el techo esencial, que los que hacen cosas: los ricos, no pueden negar por derecho, dado que cualquier acción emprendida perjudica el delicado equilibrio del entorno, a esos pobres; quienes nada tienen y nada quieren hacer, y menos trabajar, y deben soportar las ocurrencias de esos ricos, que en su entusiasmo desmedido los dejaron sin sus recursos naturales de espacio, comida y agua. Si donde había un árbol con frutos, ahora hay un edificio, el dueño del edificio debe regalar de esos frutos a los que comían del árbol antes de que el llegara; esto que puede parecer como una obligación arbitraria es una importante cuestión de armonía y orden natural, si se corta uno de los eslabones sin continuar la cadena, a la larga todo el edificio se vendrá abajo. Aunque los reyes pudieron convencer a muchos de que sus ocurrencias son útiles, y por esto algunos menos ricos y algunos no tan pobres se les unieron y cambiaron las cosas; a los más pobres esto no les parece que valga el esfuerzo, ni los convence, ni los satisface, ellos prefieren dejarse llevar por su despreocupación, abandonarse a su suerte, y conformarse con lo que les toque o les den. En definitiva los pobres son la constante negación de Dios a las ocurrencias disparatadas con las que los reyes arrastran a todas las personas; y aunque el rey también niega, siempre lo hará con una afirmación mayor que lo conduzca a una nueva acción.

Puesto entonces que en la comunidad quienes cambiaron el entorno fueron los ricos, estos deben proveer al pobre de lo esencial para su vida si es que lo natural desapareció, o alguien se lo apropió vaya a saber con qué excusa. Podemos decir que lo esencial está en la vida misma, y la vida nos provee por sí misma, lo encontramos en la naturaleza, de alimento, calor, refugio, hasta se provee ella misma de más vida, de siempre nueva, sin que nosotros sepamos cómo ni porqué. La comunidad crea entonces este lugar llamado iglesia, donde los pobres acuden por lo esencial; por esto mismo la iglesia debería estar siempre abierta, pues es sólo el refugio nocturno de vagos y pordioseros, y el refugio diurno de los pobres de amor. Las fiestas de toda la comunidad se realizarían en este lugar, debido a que en su sentido más profundo, lo que uno festeja es la distensión de los roles, lo que uno festeja es la unidad; o sea, vamos a ser todos iguales, a ser todos un mismo pensamiento y un solo sentimiento, y en una misma mesa para todos. Esto se realizaría, dado que los pobres por su condición no se pueden trasladar, en la iglesia, que es donde saben los ricos que se encuentra hasta el más pobre de todos; y así, un poco por compartir, un poco por ayudar, un poco por vanidad, darán lo que tienen, mostrarán lo que hacen a quien pide y a quién quiere ver y escuchar. Algunas personas llevarán comidas, otras bebidas, otros irán por algo que comer y beber, y de esta manera quiénes quieren dar se juntan y reparten, como el pan en la mesa; y quienes necesitan piden, y si de eso hay algo les tocará.

En las fiestas, luego de haber comido todos de la misma mesa, llega la hora de juntarse en la felicidad, y esto se logra en el saberse y estar todos unidos. Si realmente estuviera unido a alguien, tendría que poder conocer su pensamiento y su sentimiento verdaderamente. Por esto de no saber qué es lo que piensa quien está a mi lado, pues la duda y la inseguridad nos carcomen, se creó o eligió para este especial festejo "El nombre de Dios"; el cual dependerá de la congregación o creencia a la que se pertenezca. En cierto momento del festejo, se ha puesto toda la comunidad de acuerdo en querer sentir esa unidad, ese todo, Dios; y para poder lograr esto dispusieron que para empezar a saber lo que el otro piensa, empecemos por pensar todos en lo mismo: en "El nombre de Dios". En ese momento toda la comunidad se mira a los ojos y ve reflejado en su compañero su propio pensamiento, "Dios"; el juego está obviamente en que no se haga trampa, puesto que si así lo hiciera, sólo sentiría mi individualidad separada de esa fuerza que crece y va siendo cada vez más fuerte. De esta manera las personas se distienden, me siento cuidado y a salvo en mi pensamiento porque sé que no estoy solo, todos juntos pensamos "Dios"; podría haber sido cualquier otra palabra o sonido, ya que podemos comprobar efectos similares en conciertos o eventos deportivos, nada más que en estos casos, el beneficio de la unión será sólo para unas pocas personas, que serán a las que esté dirigido el pensamiento y se relacionen con ellas (por eso es bueno no regalar nuestra energía a cualquier payaso). En medio de esta repetición de "la Palabra", surge la pregunta: ¿qué es esta palabra, este pensamiento?, por eso se dice luego que Dios es Amor. El pensamiento es en definitiva la sensación que nos provoca, y la sensación se traduce en un sentimiento que alimentamos y llamamos amor. Esta sensación no puede concluirse ni definirse; solo a través del pensamiento podremos capturarla por partes y momentos determinados que no pueden extenderse, pues el sentir es una fuerza en constante cambio que rehúye las definiciones. Aquello que pienso: Dios, es aquello que siento: Amor; se comparte y se une el pensamiento, se comparte y se une el sentimiento, de esta forma se salvan todas las distancias de una manera astuta, práctica y lógica.

Este ritual se realiza en toda fiesta, reunión, ceremonia o misa; en ese lugar y en ese momento todo es de todos. De todas maneras siempre habrá quienes solo busquen su interés personal, deseando algo para disfrutar en otro momento y otro lugar, algo de distinto propósito, ¿Por qué sólo en este momento? ¿Por qué sólo lo que hay acá, si Dios está en todos lados? Siempre que uno piense en otro lugar y desee algo de él, habrá división e imposibilidad de plenitud; pero si lo que quiere es no estar en la fiesta, esto es completamente posible, querer detenerlos sería un error también, dado que la unidad siempre está presente estemos donde estemos.

El sacerdote es quien reparte aquello que dan lo ricos, pues conoce por medio de las confesiones las necesidades de los pobres, así se lo comunica a los ricos, o a aquéllos que tienen ganas de hacer y hacen cosas, de esta manera los ricos le confían eso que tienen para dar, y son inspirados para hacer nuevas cosas para dar; las peticiones o insatisfacciones inspiran nuevos desafíos. El sabio no da, no toma, conoce el pensamiento pero no se lo otorga ni a él mismo, ni a los demás. La acción, cualquiera sea, se pertenece a sí misma y es común al todo y a todos; que una determinada persona sea el que la exprese no quiere decir que le pertenezca, que sea de su exclusividad, ni que sea culpable en el caso pesimista. Esto se puede demostrar reteniendo un determinado pensamiento surgido, se comprobará que en cualquier momento alguien o algo lo expresará por nosotros. De la misma manera, sabe que el sentimiento no le pertenece, no sale de él, ni entra en él siendo provocado por otros; el sentir es una fuerza en contracción o expansión con el solo fin del movimiento en curso del cual todos participan.

El monje se pregunta: ¿qué es lo que está quieto y se mueve a la vez? Vos, el Verbo y Yo somos todo y nada a la vez.

Padre, madre e hijo

El hombre persigue a la mujer, y así ésta engendra al niño
el hombre sale del niño y observa y va hacia la mujer
el hombre se protege en el niño, su origen
el hombre en todo ve a la mujer, es su destino natural.

La mujer persigue al niño, y así éste engendra al hombre
la mujer sale del hombre y observa y va hacia el niño
la mujer se protege en el hombre, su origen
la mujer en todo ve al niño, es su destino natural.

El niño persigue al padre, así éste engendra a la madre
el niño sale de la madre y observa y va hacia el padre
el niño se protege en la madre su origen
el niño en todo ve al padre es su destino natural.
Éste es neutro, todavía no hace diferencia, es asexuado, cuando el niño
crece se va transformando en hombre o mujer, pero el niño puro siempre
permanece internamente, tanto en el hombre como en la mujer.

Así, el niño-hombre por su lado de niño persigue al padre, y por su lado de hombre persigue a la futura mujer. Y el niño-mujer por su lado de niño también persigue al padre y por su lado de mujer persigue al potencial hijo.

El pensamiento es el padre, el sentimiento es la madre y la materia o formas en las que existimos, el hijo. Y esto puede leerse también como: sujeto, instrumento, objeto; como: positivo, neutro y negativo; Dios creador, ser humano, madre naturaleza; conciencia, existencia, y bienaventuranza; Padre, Hijo y Espíritu Santo; del uno el dos, del dos el tres, y del tres todas las cosas; etc. Hasta los átomos funcionan de esta forma, en cualquiera de estas tríadas las funciones se mantienen; la Trinidad es santísima porque está en todos lados.

La vida puede ser una lucha constante entre los intereses del niño, del padre o de la madre que son aparentemente opuestos. El hombre debe darse cuenta de que para obtener su destino como naturaleza, que es la mujer, necesita del niño y tiene necesariamente que entregarse a él, y de él tiene que partir para llegar a la mujer. Ésta, en todo ve al niño, su atención está puesta en él, si no hubiera un niño en el hombre, la mujer no se fijaría en éste. Pero la mujer sabe muy bien que para engendrar ese hijo que quiere necesita del hombre, y debe partir y entregarse a él para obtenerlo. Y el niño también se da cuenta de que para obtener lo que quiere, que es al padre, su propio destino como naturaleza, necesita de la mujer; el niño se queda junto a su madre porque allí habita el padre, el padre siempre vuelve y tiene su atención en ella, ahí es donde de seguro va a encontrarlo.

Un hombre-niño en donde domina el niño será amado por muchas mujeres, pero a éste no le importará, porque en su caso al dominar el niño, tendrá puesta su atención en el padre, o en lo que él haya simbolizado como su padre, su objetivo, su Dios. El amor de estas mujeres no le interesará demasiado, hasta le estorban su camino; en este caso es el niño, el que no ve que su padre está con la mujer que él dejo atrás. Si domina el hombre será admirado por los niños, pero esto para él es totalmente natural, lo que a él le preocupa es el amor de esa mujer, su interés está puesto por entero en lo que se produce cuando él está siendo uno con ella. Aquí domina por completo el hombre, el niño ha quedado relegado, reprimido, oculto y justamente por eso ella mira a esta persona y encuentra un hombre sin niño, alguien que no sabe jugar, y ella persigue al niño por sobre todas las cosas. En este caso es el hombre que no ve que la mujer está en, y quiere ver al niño dentro de él, jugando con lo que más le gusta, haciendo lo que hacemos mejor; si no lo ve, a ella no le interesará. Ella con seguridad estará enamorada de otro sujeto al que si lo vea trabajando tan apasionadamente en aquello que le llame la atención; ya que cualquier trabajo por más importante que parezca es solo un juego de niños.

Una mujer-niño donde domina la mujer sufrirá por querer tener un hijo con todas las condiciones que ambiciona, y también una vez obtenido, por querer que el niño le preste mucha atención cuando éste sólo atiende al padre, sólo obtendrá al niño cuando descanse, o cuando éste haya alcanzado por fin al padre, y lo haya encontrado haciéndolo todo para su madre. Puede pasar que la mujer no vea a su niño en ese hombre que la ama, aunque si ella fuera paciente y aceptara a ese hombre acosador, éste una vez saciado daría paso al hijo, que es lo que ella quiere. Pero si esto no es así, seguramente el hombre perderá la atención de la mujer por no atender las exigencias de su niño interno, sin darse cuenta que esa niñería es la que espera la mujer para convertirlo en padre. Cuando domina la niña, entonces buscará a alguien que le enseñe como un padre, y esto puede proyectarlo en un hombre, dios, o en alguna actividad.

En el equilibrio, el niño encuentra que el padre que busca, está en él mismo; dado que el padre busca a la madre, y la madre resulta que está en su hijo, y este hijo es él mismo. El hombre que busca a la mujer, encuentra que la mujer está en el hijo, y el niño en él mismo. Y la mujer que busca al hijo también encuentra que el hijo está en el hombre, y el hombre en ella misma.

El cielo cultivó su semilla en la amada tierra, de dónde nació y donde se mantiene la vida que se eleva al cielo nuevamente. Esta corriente es el deseo primario, el motor mismo de la vida; cuando los tres se encuentran...

Podría darme vuelta y preguntarle al niño muy fijamente y con absoluta atención: ¿qué me miras?, ¿por qué me molestas tanto? Instantáneamente el niño buscará refugio en la madre, se dará vuelta buscando respuesta a las preguntas del padre y le preguntará a ella muy seriamente: ¿qué me miras, que tanto quieres de mí? La madre para llegar al origen de los deseos por su hijo, debe recordar aquellos que la llevo al padre, justo en ese instante ella estaba con él, pensando en él, unida a él, emocional, psíquica y físicamente. Por eso la madre buscará de mi ayuda a la pregunta del niño, y volverá a preguntarme: ¿qué viste en mí, por qué me perseguiste tanto justamente a mí? Y yo puedo volver a darme vuelta hacia los días de mi niñez buscando el origen de las circunstancias y deseos, pero mi niñez tiene su origen en otra ella y ella en otro yo, y así...

Y así nos quedamos los tres mirándonos con un signo de interrogación en la cabeza, pero la única respuesta que encontramos es que para el lado contrario también se puede girar. El sentido de todo esto, de la vida, es una corriente en curso para un sentido u otro.

El hombre se conoce como hijo y como hombre, se desconoce como mujer, debe conocerla, aprender de ella.

La mujer se conoce a sí misma como niña y como mujer, se desconoce como hombre, debe conocerlo, aprender de él.

El hijo se desconoce por completo, sólo sale de la madre y descubre al padre, debe conocerlos y aprender de los dos.

El hombre se debate entre su Dios y su mujer,
la mujer entre su Dios y su hijo,
y el hijo entre su madre y su padre.

Diario de impresiones

- 1991 -

De tu mirada nació mi transparencia, de tu sonrisa mis alas, y del beso el amor y el milagro de ser el resplandor de ilusión que todas las mañanas entra por la ventana de tu Palacio celestial, y con suaves caricias de pétalos te despierta entre dulces melodías.

- 1993 -

Ya no sabía si las estrellas le resultaban hermosas o solo una estúpida mentira, entonces decidió refugiar su corazón en aquella caverna de jadeantes arterias. Sin embargo, la más suave caricia la derrumbó, y llevó su corazón a escapar por elevados sueños que siempre resultan imposibles. Así quedó en un rincón, siendo parte del lamento ¿Habrá sido uno más de los elegidos para sufrir culpas ajenas? ¿O será él, el culpable? Podría haber sido vampiro, así chupar a gente como él; o aroma de violín, así enternecer a gente como él. Pero en realidad yo soy él. El que no encaja, el que se ahorcó con sus propias venas y dejó su cadáver a la deriva, esperando ser tragado o rescatado por sus propias mentiras, daba igual. De todas maneras algún día su corazón volverá a escapar de esa nada, y quizás su ilusión vuelva a caer ante otro imposible suicida, y habiendo completado una vuelta más en la ignorancia, en ahogados gritos de angustia otro de sus niños expirará. Así irán muriendo uno por uno en cada giro, hasta que alguno de ellos venza esa necesidad que los aterroriza y se arroje del carrusel al vacío, para aprender a volar.

Mejor saber esperar, meditar y no ser arrebatado.
Como dice el maestro dejar que se hinche,
entonces con solo un pinchacito...
El tiempo correcto y la medida justa como pases mágicos.

Ser o no ser, cuerpo o alma, bueno o malo, blanco o negro, adentro o afuera, adentro o afuera o adentro o afuera adentro afuera adentro afueraadentroafueradentrafueradentrooohhhh... rgaahhhs..... smo...

La libertad debe ser dejar a nuestro bien y a nuestro mal que expresen su amor y vayan donde quieran. Por eso los religiosos de entrada nos enseñan a entregar a Dios todos nuestros bienes y nuestros males.

La individualidad nos va comiendo el ser, y cuando empieza a lamernos el corazón, recurrimos a aquella milagrosa sustancia de muy variadas formas y colores: pastillas, polvos, yerbas, televisores, sexo, idolatrías, instituciones, personas, modas, competiciones, etc…

Y así, cuanto más ingerimos, más aletargamos aquella adocenada individualidad; pero cuanto más duerme más fuerza cobra cuando despierta, y quiere más. Podríamos ingerir hasta morir entonces el Yo cobraría tanta fuerza que nacería en otro cuerpo para seguir consumiéndonos.

Si transformamos la realidad en lo que nosotros creemos que es la realidad, entonces cada ser tendría una realidad distinta y no existiría una sola en común, no podríamos comunicarnos con nadie, sólo le estaríamos hablando a nuestra propia fantasía. Lo curioso es que a la realidad nadie la conoce realmente, unos creen unas cosas, otros otras... ¿Vivimos solos en la ficción que crea nuestra mente?

Hoy pasé la noche buscándola, pasé por muchos lugares, vi a muchas personas, pero yo solo la tenía en mi mente a ella, ¿y si la tenía en mí?, ¿para qué la buscaba? El que esté en mi mente no significa que esté en mí. ¿Y si no soy mi mente? ¿Qué soy?

Hubo confusión cuando me di cuenta que en el que creía mi deseo más puro, se escondía mi deseo más perverso, y en mi deseo más perverso encontré al más puro y espontáneo. Tranquilidad, cuando deje ir mis deseos

La criatura más feroz y dotada de grandes garras es la que tiene y vive con más miedo, es naturalmente la más cobarde. La criatura más vulnerable es la más valiente, porque no necesita defenderse tanto ante la muerte.

¿Por qué pienso que no necesito, lo que siento que quiero?
Debe ser justamente porque pienso.
Creo que mi ser quedó atrapado entre estos dos.
Y así, voy vibrando entre deseos y pensamientos.

Recién, casi me convierto en sonido... pero tuve miedo.
Empezaba a intuir como es todo, pero enseguida intelectualicé el concepto.

Quise averiguar porque no podemos ver nuestro verdadero ser. Y antes de poder asomarme presentí que al infinito sólo puedo llegar a abarcarlo con el vacío absoluto. Pero yo todavía estoy lleno de cosas. Como estos pensamientos, por ejemplo.

Al buscar la verdad, soy acosado por la ilusión;
y al buscar placeres efímeros, soy acosado por la verdad.
¿No hay nada que buscar?

Creí que tenía un agujero en el bolsillo,
pero sólo era un bolsillo en el agujero.

La respuesta a toda pregunta es la misma pregunta.
Y la pregunta de esta respuesta es la misma respuesta.
Con esta son tres preguntas a tres respuestas.

Los sentidos no son puertas al exterior.
Son sólo espejos.
Estamos constantemente viéndonos
y no nos reconocemos.

Dios es amor, pero el amor "no existe" ¡Qué alivio!
Aun así, sin amor esta vida no existiría.
Solo hasta aquí llegó la razón ¡Que alivio!

Sólo somos contornos dentro de Dios,
si disolvemos el contorno volvemos a Ser Dios.
Y ese contorno es nuestra mente, nuestros fines.
Nuestro Fin.

Bajando de la montaña, camino a la ciudad, se escuchan los ruidos de los hombres tratando de cambiar las cosas, y hasta empieza a sentirse el orgullo por sus grotescas y contaminantes construcciones. Ahora veo la suciedad y crece mi desconfianza hacia ellos. ¿Será en realidad esta desconfianza la misma suciedad?

Pienso el universo como el lugar que estoy ahora, no hay nada más, el universo es en realidad lo que alcanzo a ver y escuchar, lo que hay más allá de lo que veo, es sólo la explicación de porqué veo lo que veo. En este momento, no hay más universo que esta habitación, con esta música; el resto es sólo una descriptiva definición de esta realidad, de este lugar. O sea que en todo momento estoy frente al universo entero, frente a Dios, y no lo veo, veo otra cosa, sobreimprimo otra realidad sobre lo visto; antes de verla del todo la convierto en el lugar que estoy ahora, una habitación con música.

Por el momento, para salir del paso, a cualquier pregunta respondan: "Es y no es". Ya que serán síntesis en la próxima experiencia.

Tendríamos que aprender a pensar como si el de al lado nos escuchara.

Pecar es el justificarse por existir.

Hagan lo que deseen, no importa qué.
Aunque el Ser libre, es libre también del deseo,
es todo igual, no encuentra preferencias.
Dado que está libre de todas ellas.

Es indispensable olvidar el pasado, el futuro y el presente.

...y ya no nos hablaríamos, nos intercambiaríamos imágenes. Al haber incorporado el tercer ojo, que es un proyector de imágenes tridimensionales, así como una vez incorporamos la boca que proyecta sonidos.

Dios juega a ser yo.
Y yo lo dejo jugar...
lo contemplo...
juego con él...

La última corriente me arrastra y yo agarrado a esta piedra.
Es que ahí nomás está el océano. ¡Tanto camino he recorrido!
¿Y ahora así nomás todo queda atrás? Viene el todo pero se
va la manera en que vivíamos. ¿No hay más adónde ir?, ¿ya
llegamos?, ¿es esto concebible? ¿Y ahora? Volver atrás no
puedo porque el camino ya lo conozco, y no sería lo mismo.
Quedarme a vivir en la piedra tampoco, sería como ser un
fantasma, ni una cosa ni la otra. Aunque por un tiempo lo haga.
Después de todo es lo último de un camino del que finalmente
me enamoré. Es nuestro romanticismo el que nos hace entrar
al océano con esta lentitud...

Escribirte es limitarte.
Incluso a mí mismo.

El "SI" en el sentir y el "NO" en la cabeza. Teniendo en cuenta que la boca habla de lo que reboza el corazón, ésta es la combinación a la belleza.

El ser se manifiesta para apreciarse a sí mismo.

Dios es tan vanidoso que lo que más le gusta es mirarse al espejo.

Todo habla de lo mismo a pesar de que lo mismo nunca se repita.

Yo no hago las cosas, yo hago con las cosas, como fluyendo; pero debo reconocer que la mayoría de las veces me hacen ellas a mí.

La auto-exigencia de la verdad es la peor de las torturas.

Es quedar girando sobre sí mismo.

¿El sufrimiento más real es físico, emocional o psicológico? Lo cierto es que todos pasamos por los tres, y además nos creemos que nuestro sufrimiento es más difícil que el de los demás, cuando es todo un mismo sufrir. A fuerza de costumbre ya nos gusta provocarlo en los demás, convirtiéndonos en el mismo mal que rechazábamos. Lo más odioso es tener que soportar los consejos de los ignorantes. Insistiremos entonces en nuestro malestar, todo lo que la gente odie y deteste, nosotros lo abrazaremos con un amor solitario y oscuro, pues nada puede quedar afuera y alguien tiene que solidarizarse con todos ellos.

Hay que tener en cuenta, antes de escalar, que en la cima no hay más que la satisfacción de haber andado.

Codiciada y envidiada es la sabiduría del ingenuo. Por eso son tratados como tontos.

No estoy a favor de nadie,
sin embargo a nadie amo más.

La idea nace en la unidad, se desarrolla, y se resuelve en el sentimiento. El sentimiento nace de la idea, se desarrolla, y se resuelve en lo visto. Lo que veo nace de la fuerza del sentimiento, se desarrolla, y se resuelve en lo que pienso. Así surgen un positivo, negativo, y neutro, que se resolverán en la fuerza que los ejecutará; y así otra vez y otra vez…

El yo soñado cuando se va a dormir
sueña que está despierto.

- 1997 -

yo "sos" todo

Luego de definir eso,
vuelvo a mí,
y vuelvo a definir,
y vuelvo a mí,
y así...

Ni cerca ni distante,

ni vuelvo ni defino,

ni mí ni eso,

ni a ni y,

ni ni...

Yo no soy dios, yo soy lo que dios quiere hacer.

Yo es un punto en la vista de cualquier cosa.

La vida es no es si es no es si es no es si es no es si es no es si es no es si es no es si es no es si es... Algunos destacan el "no es", otros el "si es". Otros dicen: "no es si"; otros: "si es no"; y otros sólo es...

La verdad es cuando no puedo decir si estoy exhalando o inspirando o aguantando.

¿Por qué yo no? Para que vos sí. yo no vos si yono vossi yo novos siyo no vossi yono vos si yo no vossiyonovossiy o no vos i yo...

Soy el yo de todas las cosas.

Y solo a vos te veo en ellas.

Donde ambos danzamos una unidad llamada Dios.

Cuando quiero escribir eso que pensé, pierde el sentido.

Busco la verdad. Escribo como tal un querer. Algo espontáneo.
Un no sé qué. Escucho música, sigo la música, escribo el escuchar
y el cantar; lleno de placeres y buscando algo más. Algo más,
ella, no pero... sí, pero... ahora yo y acá, allá... fantasías irreales e
importantes realidades inertes sin ellas. Preguntas, no encuentro el
signo de pregunta en esta máquina. Muchas preguntas que hacer,
¿por qué siempre hay algo que está mal? Por lo que veo, por lo que
soy, por una justificación, excusa, explicación, querer saber. ¿Qué
se puede saber? ¿Qué es lo que en este momento se? Escucho.
Veo. Escribo. Aburrido, es lo mismo, pero no, divagar, escribir lo
primero que se me ocurra, no sé para qué, simplemente porque
surgió, porque siempre me pregunto el porqué, y me ingenio
alguna respuesta de la cual vuelvo a preguntar por qué... parece
interminable tortura, pero en si es tonto, él es... Dios... luces...
sombras... órdenes cambiantes, mundos dentro de mundos, poesía
del ser el mismo ser...

Yo quisiera cumplir todos sus descos, entonces algo nuevo... personajes, historias de dioses, dimensiones fantásticas... y el sufrimiento ante esta realidad, y el ¿Por qué?

De las dimensiones más fantásticas la que más cuido en mi corazón es la de ella y yo. ¿Estaré mal? Siempre que crea; veré el límite, y el querer llegar... ¿Adónde quiero llegar? A ningún lado... la existencia, las sensaciones, los pensamientos son naturales, surgen...

- 1999 -

En nombre de nuestro bienaventurado Emperador, señor omnisciente del sector intermedio, verdadero manutensor del equilibrio, dejo oír mi voz en respuesta a vuestra petición de que seamos cada día más perfectos.

Así la mano de mi señor es rica en ideas de orden, y si vuestra santa trinidad patronal lo permite, plantaremos con ayuda del mago, señor del reino de la fantasía, un palacio de ilusiones que sea puerta directa al sol. Donde se reunirán en comunión los frutos de nuestras cuatro provincias: Realidad, Ilusión, Buscando y Esperando. Con el fin de que este pequeño orden nos permita luego seguir navegando tan apasionadamente por el amado caos.

Mi señor a pesar de encontrarse en horas oscuras, pues sus cosechas se encuentran reducidas, agradece en este cantar que se haya extendido el territorio de su conciencia temporal y espacial, y reafirma el trono al embellecer su reino.

Que vuestra santa trinidad nos ilumine a todos.

La ignorancia ante el infinito nos domina, la angustia de no saber nos paraliza y surgen explicaciones fantásticas de porqué pasa lo que pasa. Pero la pena sigue y uno está ahí ¿qué se puede hacer?

Sólo desde la perspectiva de la vida existe la muerte, sólo desde la perspectiva del éxito existe el fracaso y la frustración; desde la perspectiva de Dios... todo vuelve a él mismo ¿qué peligro o pena real podríamos correr? El sufrimiento podría también ser, inconscientemente, probarnos a ver cuán lejos de Dios o de la felicidad podríamos llegar. La apatía, hastío, frustración, nos llenan de confusión, ignorancia, vacío (y pedimos por favor un control remoto). Si enfrentáramos ese sufrimiento realmente desde su raíz, ese vacío, sin sentido, violencia; al ver que al fin le prestamos la atención por él requerida, diría lo que tiene que decir y se saciaría definitivamente para dar paso a otra cosa, otra realidad. Pues esos sentimientos de tristeza en definitiva son siempre iguales; nos entristecemos por la muerte o deficiencia y alegramos con la vida y lo extraordinario. O hacemos que esa tristeza sea bella, o sea aplicar la imaginación y el arte en ella, así se queda contenta y nos deja de molestar. O ya definitivamente hastiados de tristezas creamos nuevos sentimientos, más sutiles, más perceptivos, compasivos, empáticos.

Yo le doy forma a mi tristeza al preguntarme: ¿por qué si yo la amo, ella no? ¿Cómo puede ser el amor no correspondido? ¿Por qué no nos enamoramos a primera vista vos y yo, y somos felices para siempre? ¿Por qué no es todo tan mágico y maravilloso como a mí me gustaría que fuera? A esta altura tendría que tener la osadía de considerar mágica y maravillosa a esta tristeza mía, a esta confusión, fantasía, irrealidad o desastre, ¿de dónde salió realmente todo esto? La verdad que enroscarnos en las cosas que nos pasan es fantástico, en realidad no sabemos (solo especulamos) absolutamente nada de porque pasan las cosas que nos rodean, primariamente se podría aducir que nuestra vida es de terror, pero las cosas no pasan para ser explicadas, sino vivenciadas, maduradas, saturadas, superadas, cultivadas y así... El hecho en sí, es lo más acuciante. Pero me siento loco, obsesionado, torpe, ansioso, y... ¿hasta cuándo me seguiré preguntando, torturando? La felicidad se torna tan costosa, pesado esfuerzo de una insatisfecha búsqueda sin sentido.

Lo curioso parece ser que aunque no queramos, ni sepamos nada, la plenitud siempre está presente en todos lados disponible para quien la convoque; Dios siempre está. Por eso nos tomamos nuestro tiempo para volver a él, y mientras tanto jugamos con lo que más nos llama la atención.

Así, cómo hay personas a las que les gustan las películas de terror, nuestro verdadero ser es atraído por el dolor y la pena. Sea como fuere, inconscientemente, éste se involucrará en alguna situación que a la larga lo haga participar de ese terror, de esa pena.

Los sueños sólo nos impulsan, nos dan el empujón inicial, luego la vida es tan maravillosa que quedamos inmediatamente comprometidos en ella, sea violenta o pacíficamente o más bien... que nuestra danza fluya a través de todas las cosas acariciándolas como dulce brisa y llevándolas a todas ellas a que conozcan esta increíble reunión de mundos mágicos en el que nos movemos llenos del gozo de estar juntos, habitando en la satisfacción plena con todo cuanto nos rodea. El poeta en nosotros ante la primera impresión de belleza estampa su idealización y marcha en pos de ella.

A veces parece esencial identificarse; la identidad. ¿Con qué o quién me identificaré? Pero yo no puedo ser más que yo. Yo mismo soy la identidad. ¿A quién me adjudicaré entonces? ...a dios, vos y yo.

Cada vez que hago algo me parece estar perdiendo el tiempo, sin embargo no pasan ni segundos cuando aparece la idea de que algo hay que hacer. Hacer, ¿por temor a la decadencia y destrucción? Por el simple hecho de hacer algo sería mejor, de esa manera si algo sale mal no nos molestará. ¿Pero qué busco en lo que quiero hacer realmente? Si la felicidad está por doquier, ¿qué sentido tiene hacer algo? Sentido. Estar. Sentir es hacer algo, pensar, percibir, contemplar... el sentido del sentir soy yo, sos vos y es por sí mismo y ninguno de los tres o cualquiera de ellos.

La iluminación, la Mente, por todas partes, indestructible, feliz.

Ni entregarse ni dominar, la mente transparente.

Para saber, antes hay que ignorar; también para ignorar, antes hay que saber. Saber esto nos puede ser muy útil, pero sólo nos hace más ignorantes.

Podes luchar para ser un ganador, pero al final del triunfo encontrarás la desilusión de lo efímero. O podes ser un perdedor, y al final de la pena encontrarás el alivio del mismo efímero. O podes ser uno de nosotros, y leernos, y pensarnos... imaginarnos...

La única manera de escapar del bien y el mal es entregando el bien a dios. Yo no gano, no pierdo. Soy el premio.

Es un Arte presentarse ante lo desconocido, y mirar a todos como la primera vez; donde la atención se agudiza porque a la distancia entre ambas partes todavía las une el misterio. Nos sabemos distintos, y sin saber ansiamos y esperamos cualquier cosa que se mueva para hacer un motivo tanto de unión como de división, un conocimiento en comunión, la continuación del movimiento...

Así proseguimos hasta que caemos en la cuenta de que no tenemos ni idea de cómo vinimos a llegar a este mismo lugar en que estamos parados. Miramos a nuestro alrededor, sabemos que hay algo... pero no podemos definirlo, y si quisiéramos profundizar en definirlo, resulta tan vasto y abarcador como mundos hay sobre el universo.

Se puede también tratar de definir lo desconocido como "vasto y abarcador", como "mirar a nuestro alrededor" o hasta incluso como "mundos sobre el universo", infinito...

Conocer el hecho de desconocer nos lleva a un nuevo y purificado conocer, que cuando creamos haberlo abarcado y dominado con precisión, volverá lo desconocido y excitará los truenos y hará que la tierra se levante y la eternidad reflorezca en su magnificencia. Y quedaremos asombrados uno frente a otro sin saber ni entender nada de nada, entonces a este nuevo hecho le daremos un nuevo nombre. Un nuevo conocimiento ha surgido, y una larga lista de pillos a adjudicárselo, un nuevo interrogante el dominarlo y llevarlo a efecto, una siempre misma fuerza en movimiento.

Entonces ni el conocimiento ni la ignorancia. Lo que es no es si es no es 0 I 0 I 0 I 0 I 0 I 0... Hagamos lo mejor para que aquello que se nos presenta florezca. El acierto y el error no existen, por eso, luego todo se compensa.

- **2001** -

De chico jugaba al "ni si, ni no, ni blanco, ni negro". Y cuando no me gustaba algo que me decían respondía: "el que lo dice lo es, cara de torta tenés", y es muy curioso porque de más adulto los sabios me enseñaron el "Tú eres eso", que es prácticamente el mismo efecto. Y también la filosofía nos dice: "lo que X nos dice de Z, describe más al mismo X que a Z".

Esto me entristeció cuando me enteré de que ella se fue porque pensaba que estoy loco.

Dedicarse a la realidad es inútil, lo primordial es imaginar sobre lo que en realidad es todo este lugar en que me encuentro. Pero, aunque nos dediquemos a la realidad o a la fantasía siempre nos dedicamos y esto parece costarnos. Además cuando nos dedicamos a una aparece la otra por sí sola, en respuesta a la que nos dedicamos.

La clonación me hace pensar en todo lo que intentarán hacer. Fantaseando... al comienzo de los experimentos podríamos llegar a ver, por medio de algún instrumento, el alma saliendo del cuerpo. Luego con el avance de los experimentos esperar el alma del moribundo, y así inducirla a entrar en cierto nuevo cuerpo preparado y elegido por él mismo anteriormente. Si los experimentos tuvieran éxito llegaríamos posteriormente a ni siquiera hacernos falta esperar la muerte sino que ya por nosotros mismos podríamos salir del cuerpo no deseado más a voluntad y entrar en el que estuvimos preparando. Posteriormente, ya ni siquiera necesitaremos preparar cuerpos, saldríamos de unos a otros, nos intercambiaríamos los nuestros mutuamente mediante la conciencia obtenida después de las experiencias iniciales. Y más posteriormente, aunque sería mejor no haber pasado por todo lo anterior, descubriremos que el alma sutil que se desliza de uno a otro cuerpo puede en realidad formarse como quiera a voluntad en el momento que quiera; o sea que podremos adoptar la forma que queramos a voluntad si elegimos vivir en un mundo más sutil. Y descubriremos también que el preparado del cuerpo denso realmente se hacía naturalmente en el desarrollo del pensamiento; y que quien nace en un cuerpo no deseado es porque en realidad el alma no hizo nada para embellecer al mundo, que es la manera de preparar su nuevo cuerpo. Pero igualmente la felicidad se encuentra en la unificación de todas las formas, no en una en especial por más sutil y bella que sea. Es sabido que los sabios adoptan la neutralidad no la belleza. Y que los más sabios ningún cuerpo desean, ellos desean ser todos los cuerpos, Dios.

Lo natural trata con lo que es, en el momento que es, y con su cruda realidad todo el tiempo, ¿qué política podríamos necesitar para hacer esto? Cuando el humano se ha relacionado con la naturaleza a través de la política la ha contaminado; el arte de la hipocresía nos llena de basura. El mejor gobierno es el que nadie recuerda quien es su presidente, pues un administrador que hace bien su trabajo no molesta a su pueblo con excesivos impuestos y leyes, ni los harta con sus ansias de ser una famosa estrella salvadora. Un buen gobierno tendría que ser como el de Dios: solo 10 leyes, 10% de impuestos, y ni se lo ve ni se lo escucha, nadie puede mejorar eso; y él si nos da la vida.

Podríamos programar una computadora con las funciones básicas de una administración, y no tendríamos para nada error humano, ni corrupción, ni amiguismo, ni monopolios, ni trampas, ni dobles discursos, ni mentiras, ni muchas tantas falencias humanas. Para los proyectos y las decisiones de estado usaríamos el voto popular todas las veces que sea necesario, y también para ir haciendo reformas al programa de administración. Es claro que siempre será necesario del juicio humano experimentado y compasivo para decidir, pero con la información abierta en toda la red y con la participación de la mayoría de las personas capacitadas para hacerlo. Lo mejor de este sistema es que la computadora estaría programada para nunca declarar ninguna guerra.

¿Por qué será que seguimos consumiendo cosas que en realidad tendrían que valer por lo menos diez veces menos de lo que pagamos? ¿Por qué aceptamos pagar más de lo que algo vale solo porque está sobrevaluado por la demanda? ¿Por qué seguimos vendiendo más barato al que más tiene para comprar, y no al que más necesita? ¿Por qué hablamos de igualdad, y en realidad vendemos todo el tiempo privilegios? ¿Por qué hablamos de libertad y tenemos cada vez más reglas que seguir, leyes, impuestos y permisos que pagar? ¿Cómo es posible que en países de sociedades judeocristianas de hoy en día, donde el diezmo establecido por su libro sagrado, se haya convertido en 30 y hasta 70% totales a pagar para poder vivir? ¿En el año 2050 llegaremos a pagar un 90% de impuestos? Y con todas las leyes y permisos para el control terminamos siendo como comunistas, solo unos pocos productores asociados al estado imponiendo sus reglas, qué ironía! Estas ideologías opuestas terminaron produciendo similares resultados, ya que todas ellas creen en la ilusión del control, la autoridad, el poder y el dinero, y se regodean en sus egos; pero todos sabemos lo que le pasa a un globo cuando se infla demasiado.

La híper manera de producir les hizo creer que con más trabajo se generaba más riqueza y más empleos; pero más producción generó también más nacimientos, que se duplicaron y triplicaron, y cada vez son más gente que no tiene trabajo y hay que mantener. Y encima los pocos que producen algo, no solo manipulan y monopolizan por el miedo que tienen a que su vecino produzca lo mismo y les reste ganancia, sino que además inventan cada vez más máquinas para automatizarlo todo, y para que ninguno más que ellos, trabaje y gane. ¿A quién le van a vender lo que producen si nadie trabaja? Bueno, eso puede ser un buen punto, ya que de esta manera, todo terminará siendo obligadamente gratis (pero solo si haces lo que ellos dicen, como en la esclavitud).

Al parecer las más grandes invenciones del hombre moderno están aniquilando el natural desarrollo de la vida, y los ha llevado a ser esclavos de sus avaros y rapaces inventores, que se han confabulado con los políticos para digitar el gran robo llamado "Patentes". Al final, en el sentido espiritual de la palabra, se puede decir que la iglesia tenía razón al resistirse al avance de la tecnología. Pero en cambio, ¡ahora sí! ¡Ahora somos realmente libres para quitarle la vida a millones de personas con un solo botón! gracias a las tremendas invenciones tecnológicas; pero nada hay que temer, mientras todos compren sus máquinas y sus metralletas para matarse entre sí y hacer fluir la economía.

¿Quién sos vos?
¡Vos! sos quien.
¿Quién soy yo?
¡Yo! soy quien.
Siempre he vivido entre dioses
y no me había dado cuenta.

El "Yo" es un vacío que se pasea de cuerpo en cuerpo. Cuando entra dentro de fulanito, fulanito dice: yo desde aquí veo eso, veo aquello, me gusta eso otro. Entonces el vacío se va hacia eso otro, y eso otro se expresa y también comienza a hablar desde sí mismo. A veces parece haber muchos "Yoes" hablando a la vez, es porque el vacío puede concentrarse en la cantidad de cuerpos que le parezca, pero es siempre la misma concentración de vacío que fluye a través distintos cuerpos. A veces le gusta pasearse de unos a otros creando conflictos, y gozando de la ignorancia en que estamos sumidos.

Si no se queda mirándote como estupidizada y con cara de idiota, no te ama. Si no te quedas mirándola como estupidizado y con cara de idiota, no la amas.

El miedo es Dios deseándonos.

Para conseguir lo que queremos, hace falta concentrarse en aquello de lo que está hecho eso que nos gusta. Pero todo está hecho de Dios.

Vivimos dándole vueltas a Dios.

La felicidad, un paraíso terrenal que solo recordamos de vez en cuando en chispazos de éxtasis que nos mueven el piso, y en el que todo nuestro ser queda hipnotizadamente anonadado. Un contorno que brilla sin luz, un imprevisto que nos transporta, un aroma que nos vuela, un leve soplo de ternura imposible de atrapar; la búsqueda toda del ser humano, el regalo de Dios a su creación. ¿Cómo pudimos ser tan torpes? ¿Cómo pudimos comernos esa manzana? ¿Cómo pudimos creer que podíamos ser creadores de esa plenitud que nos supera? ¿Cómo pudimos creer que una sociedad con el demonio exitista podía satisfacernos más que Dios? ¿Cómo pudimos creer que al copiar las imágenes de ese preciado momento que nos invadió, en dioses felices nos convertiríamos? El pecado original todavía nos arrastra a pretender construir felicidad. Éxitos (de fracasos de otros), poder (para manipular a los demás), fama (de necesitado de los demás), riquezas (de una maníaca carrera de insatisfacción), bellas apariencias (aferradas a la desigualdad transitoria); deseos de más y más... de ser como el Dios al que traicionamos. Pareciera que Dios gustara de nuestro fracaso (de no saber leer entre paréntesis). Él y todos sus enviados en las más variadas formas nos lo recomendaron: Renunciación, sacrificio ejemplificador para niños perdidamente confundidos; que no han caído en la cuenta, ni siquiera del hecho práctico de que deber y querer son inseparables, y que después del deber viene el querer, y que después del querer viene el deber.

Cristo decía de sí mismo que no hacía su voluntad, su querer, sino la del Padre, su deber; y nos pidió a gritos de dolor que nos olvidáramos de nosotros mismos.

El Buda también anunció en el Sutra del diamante: *"Un Bodhisattva no se aferra a la ilusión de una individualidad separada, una entidad egótica o una identificación personal. En realidad no hay "yo" que libere, ni "ellos" que sean liberados... Su amor es infinito y no puede ser limitado por las ataduras personales o las ambiciones... En el fraude de la ilusión todas las cosas son distintamente consideradas o atribuidas, pero en la verdad ninguna diferenciación es posible".*

Y el Profeta de Allâh ha dicho: *"Tú no existes ahora y tampoco existías antes de la creación del mundo. Tú piensas que eres, mas no eres y jamás has existido... Dios no difiere de ti y tú no difieres de Él; si por ignorancia piensas que eres distinto de Él, quiere decir que tienes una mente no educada".*

El enigmático Lao-Tse anunció: *"Desde el no-ser comprendemos su esencia; y desde el ser, vemos su apariencia... Quien practica el no-obrar todo lo gobierna... El cielo y la tierra deben su eterna duración a que no hacen de sí mismos la razón de su existencia; por ello son eternos. El sabio se mantiene rezagado y así es antepuesto. Excluye su persona y su persona se conserva. Porque es desinteresado obtiene su propio bien".*

El inefable Krishna: *"El sabio nunca buscará el gozo en las cosas de este mundo, pues los placeres que ellas reportan, son tan sólo el presagio de los sufrimientos que luego han de venir. Todo es transitorio, igual que viene se va... Sólo cuando hayan entregado su voluntad alcanzarán las alturas...".*

En los textos hindúes más antiguos, los sagrados Upanishads, encontramos la respuesta de la Muerte al sabio Nachiketa, cuando despreció todos los placeres terrenales a él ofrecidos: *"Aunque has visto la satisfacción de todos los deseos, la fundación del mundo, las infinitas recompensas de las buenas acciones, la ribera donde no hay miedo alguno, loada en todas las alabanzas, y la gran morada; has sido sabio y con firme determinación lo has despreciado todo... Si el que mata cree que es él quien mata, y si el que muere cree que es él quién muere, ambos no comprenden; pues ni uno mata, ni el otro muere a manos de nadie.... Los chiquillos corren tras los placeres externos y caen en la trampa que les tiende la muerte. Solamente los sabios, conociendo la naturaleza de lo que es inmortal, no buscan nada estable entre todo lo inestable".*

Hasta el majestuoso Sócrates afirma en el Fedón: *"De entre ellos, los que se han purificado suficientemente en el ejercicio de la filosofía viven completamente sin cuerpos para todo el porvenir, y van a parar a moradas aún más bellas...".*

Tantas religiosas recomendaciones que en todos los idiomas Dios nos hizo llegar, demuestran que en verdad nos ama a pesar de nuestra necedad.

Pero, ¿por qué pareciera que Dios deseara el fracaso de nuestra voluntad y nuestro ser? ¿O será que tenemos tan poca fe que no podemos considerar que exista otra felicidad mejor que la que nos ocurrió hace un momento, y nos coma la ansiedad y la desesperación de la pérdida y la necesidad de ir tras esa felicidad, y encerrarla en la cárcel de nuestra propiedad para activarla como marioneta? A veces sin percatarnos de que cuando conseguimos comprar el juguete, este pierde el encanto para transformarnos nosotros mismos en marionetas de otros nuevos espejitos de volátiles coloretes. Por eso renunciar a nosotros debe ser solo esperar, esperar y tener fe en que Dios nos llenará de sí a la vuelta de la esquina. Él nos dijo: *"pide y se te dará"*; pero lo único que deberíamos pedir es a él mismo, pues lo único que hace que algo nos haga felices, es que él está ahí, oculto tras el objeto que nos provoca, disfrazado, pidiendo que lo descubramos detrás de sus imágenes y semejanzas; en todas las cosas, para bien de todos, y no solo el nuestro.

- 2007 -

El orgullo, el miedo y la avaricia, se aliaron y estipularon las fronteras. ¿Qué se puede hacer? A los locos no hay que contrariarlos demasiado, ellos solo aprenden dándose contra la pared.

El gobierno del sabio debería estar de tal manera organizado para que su solo objetivo ideal a largo plazo, sea finalmente su propia disolución, ya que de todas maneras en esta naturaleza todo se termina disolviendo. Pero la dilución del gobierno se debe dar a partir de que la persona gobernada ha aprendido a vivir sin ayuda del rigor; y sin matarse y robarse unos a otros, situación totalmente contraria a la realidad. Pero el ideal no debe desecharse por ser ideal, para eso es ideal, para guiar los pasos hacia adelante de la realidad; aunque estemos a millones de años luz de que esto suceda. El ideal quiere enseñar a la gente a vivir por sí misma, libres, sin que sean tan dependientes de un gobierno. Dios nos dio tan solo 10 leyes que casi ninguno respeta (a veces tampoco la misma iglesia), pues hasta han espiado, invadido, robado, encarcelado, torturado y matado en nombre de Dios y la libertad; algo completamente demencial. Y algunos hacen que el pueblo se hinque ante sus propios intereses a los que llaman leyes, haciendo al hombre cada vez más empobrecido, controlado y alienado; llevándolos a ser completamente esclavos del show heroico de su maquinaria de manipulación. El gran problema cuando alguien adquiere algo de poder, es comenzar a creer que los demás deberían actuar como él piensa que es mejor para todos, es el comienzo de querer legislar la vida y la libertad (de los demás); se les sube el poder a la cabeza, es la peor de las drogas.

Solo dos leyes dijo el Hijo de Dios son las importantes: Ama a Dios, y ama a los demás como a ti mismo. Y ambas leyes completamente lejanas al juicio de los hombres, pues nadie puede decir desde afuera cuanto otro ama a dios, a los demás o a sí mismo. Pero si se puede decir que a todas las personas les gusta vivir en libertad, y que nadie les obligue como hacer de su vida. A todos nos gusta que nos enseñen pero no que nos adoctrinen. Es por eso que si todos amaramos así a los demás, no necesitaríamos de las demás leyes.

Por esto debemos educar en contra de esas personas orgullosas, ambiciosas y miedosas, que nos llenan de reglas abusivas, y en su ignorancia les parece bien hacer negocio con sus ciudadanos, viendo la manera de quitarles más y más. Debemos impulsar la paz y la conciliación; y liberarnos de tantas prohibiciones, permisos, e impuestos sin retorno. ¿Cuál de estos grupos o instituciones será la más perversa? ¿La religión, el gobierno, los militares, la policía, las corporaciones, los banqueros, los políticos, los burócratas, los vendedores, los periodistas, los aristócratas, los artistas, las masas de consumidores? En fin, evidentemente todos ellos han sido creados con la mejor de las intenciones; pero hay que estar atentos, porque el mal se introduce y utiliza cualquiera de ellos para sus designios. El mal se infiltra allí donde está el éxito; y manipulará, dividiendo y destruyendo lo más que pueda. Por eso el miembro de cada institución no debe aceptar brindar demasiado poder a sus líderes, se debe repartir el poder lo más que se pueda. Y se debe saber desobedecer cuando estos se opongan al sentido común, y promuevan el daño y la privación de los demás; nadie debe seguir órdenes ciegamente, cada uno tiene su propia conciencia y es responsable de sus actos.

Debemos pensar en la ciudad de Dios: El Paraíso; sin fronteras, ni gobiernos, ni instituciones, con un hombre puramente libre en el conocimiento y la presencia de Dios. En donde las personas no se manipulen, ni se roben, ni se maten unas a otras; y hallan conquistado la paz que se conquista desde dentro, no desde fuera con el rigor y las armas, sino con la conciencia del sentido común y la necesidad mutua de la verdad. Aunque esto sea utópico deberíamos empezar a pensar de este modo, poco a poco, pasito a pasito, no descartemos la idea por ser imposible de inmediato. Para empezar, gente de esta naturaleza solo tendría un deseo: Dios, plenitud, felicidad; pues las discordias solo pertenecen a quienes desean objetos del mundo y disputan sobre ellos. Entonces, nosotros como sociedad, ¿qué es lo que publicitamos? ¿Estamos realmente nosotros en capacidad para ingresar en este paraíso de paz? ¿O en realidad mataríamos para salvar o vender nuestros objetos? "Quien quiera salvar su vida la perderá" ha dicho el hijo de Dios. Pero toda nuestra cultura moderna apesta a espejitos de colores y promueve mayoritariamente lo contrario.

Como primer punto, la competencia no es sana en ningún sentido, lo único sano es la colaboración mutua. El orgullo promovido como el sentimiento a seguir, es la semilla del mal; y el solo mentir para vender, que se siente tan natural, es como ir hundiéndose en arenas movedizas. Cuanto más oro tenemos en nuestras manos más pesadamente nos hundimos; no se puede volar muy alto con tanto peso en los bolsillos.

Segundo, los gobiernos no son los padres de los ciudadanos, ni seres superiores escogidos, son solo los empleados de los ciudadanos, contratados para realizar un simple trabajo administrativo. Pero resulta que el ciudadano está corrupto también y cuando le toca un poco de fuerza abusa del débil y lo maltrata; así los ciudadanos empresarios son bien tacaños y hacen la vida bien difícil y estricta a sus empleados, y si no fuera por el gobierno los esclavizarían. Y a sus clientes no los tratan muy distinto, constantemente los trampean para quitarles lo más que puedan; encima pagan los mínimos sueldos posibles, y disfrazan al empleado con todo su merchandise y los hacen correr como máquinas, para que flamee la bandera de su hipocresía. Entonces al empleado le acrecienta la mala voluntad al forzar sus caras hipócritas de que son todos amigos. Y lo peor de todo es que mucha gente aunque consciente de esto, se somete, y hasta les compran a esos mismos explotadores. Para colmo de todo esto, para poder vender y ganar más, los que producen dan y regalan más al que más tiene, o sea que enriquecen continuamente a estos al venderles más barato por comprar en cantidad; cuando tendría que ser al revés, pues por lógica para equilibrar cualquier balanza hay que darle más al que menos tiene.

Y tercero, y para recontra colmo, tantas universidades no han servido más que para que necesitemos comprar más productos para poder vivir, y encima protegidos por un derecho de exclusividad para que nadie los copie y se pueda beneficiar; cuando al contrario, se tendría que motivar a la gente a que todo lo copien y lo hagan por ellos mismos, y saquen todo el beneficio que puedan, pues solo eso es verdadera libertad y evolución para todos.

Y cuarto, y para terminar cordialmente, no paguemos más cantidades exageradas de dinero por espectáculo y espejitos de colores, en lugar de estar mirando a tanto payaso deberíamos intentar comprender algo de este mundo.

Todavía leo a filósofos actuales preguntándose acerca de esto:

¿Qué es una vida exitosa?

¿Cómo puede uno sentirse satisfecho con su vida?

¿Para qué es la vida?

Para tener un hijo, plantar una árbol, escribir un libro, ser un ganador y tener mucho dinero seguro que no es, a pesar del imaginario colectivo de esta sociedad. Porque traer un hijo a este mundo de sufrimiento es más irresponsable que meritorio, y plantar un árbol no tendría que ser necesario si viviéramos según la naturaleza, y muchos han escrito libros sin embargo sus vidas ni para dar el ejemplo sirven, y para ser ganador en alguna cosa hay que perder muchas otras, además de tener ganas de hacer de alguien más un perdedor; y el dinero y el poder solo nos envician y llegan a mostrar lo peor de cada uno.

Entonces será para realizar nuestros deseos, o sea el ir tras tonterías y placeres efímeros mientras podamos, aunque no sepamos ni cómo llegó a ser esta existencia nuestra, ni qué nos deparará más allá de la muerte. Esto no parece una buena opción, y aunque es la más natural y aceptada, al final siempre se cansa uno de sus juguetes; por eso es que aunque conquistemos el mundo, seguiremos siendo tan o más caprichosos, necios e ignorantes que antes. A la fuerza no hay realización, el usar la fuerza para convencer es siempre penoso y crea enemigos, sin contar que toda esa fuerza la tendrán ellos cuando el mundo de su vuelta.

Para dedicarse a algo exclusivamente y hacerlo con perfección; pareciera como que más concentración desperdiciada en algo transitoriamente absurdo no puede ser el fin de la vida tampoco, aunque las más grandes obras provengan de tal dedicación.

Para proteger, cuidar y alimentar a nuestros semejantes suena más noble vida, y habría que sacarse el sombrero. Pero por más que los curemos de todas sus enfermedades pueden nunca abandonar sus tendencias pecaminosas. Y aunque protegidos por los que han recibido nuestro cuidado, ningún fin hemos logrado con solo estar sanos.

Para buscar la verdad y estudiar parece la mejor opción; estudiar acerca de esta misma vida en cualquiera de sus aspectos es la semilla de la evolución, pues el estudio trae la recompensa del descubrimiento. Buscar y descubrir nuevos horizontes, explorar y experimentar nos hace aventureros y libres, y obtener de la vida siempre algo nuevo. Esto sí que está muy cerca, pero depende de la intención; los descubrimientos del hombre lo han llevado a ser completamente dependiente de lo artificial, y no ha trascendido su naturaleza en lo absoluto, sus descubrimientos ya son usados para hacer daño y ser un peso para los hombres. No realiza una vida el conocer el funcionamiento, tener acceso a los mecanismos y manipularlos. Antes nacían con la obligación de cazar o cultivar para comer; ahora además nacen con la obligación de tener documento de identidad, dinero, heladera, teléfono, auto, graduarse en distintas escuelas y si tiene suerte 8 horas a las órdenes de otro u otros necios casi todos los días de su vida. Ni siquiera pueden hacer sus casas como ellos quieren, deben ser inspeccionados para eso y deben pagar un suculento permiso. Además hasta deben pagar por su futuro, y a eso lo llaman "seguros"; y no solo eso, también deben pagar por trabajar, ya que cualquier cosa que deseen vender, solo será posible pagando otro suculento permiso correspondiente. Tampoco pueden imitar la manera de sobrevivir del vecino más inteligente, porque este está protegido por el derecho de autor, y puede demandarlos. Sin contar que como se han vuelto tan orgullosamente descuidados, "los obligan" a ponerse el cinturón de seguridad, y a no drogarse, y comportarse en la vía pública; y así, estamos rodeados de tecnología que nos hace más dependientes, contaminados y empobrecidos. ¿Qué tan exitosos puede decirse que sean estos descubrimientos? Lo que sí se puede decir, es que el hombre es cada vez más esclavo de sus propios pecados.

¿Qué nos queda después de todos estos intentos de vidas frustradas en la ignorancia? La vida exitosa es aquella que ha aprendido a amar a Dios por sobre todas las cosas y lo único que busca es fundirse en él. Cualquier cosa que se haga de estas que nombramos, llega a dar plena satisfacción si se hace por el gusto de hacer para todos, para Dios. Por ese momento de agradecimiento a aquello que nos dio esta capacidad de hacer en que nos gozamos, se salva la vida. Y como queremos que Dios nos acepte, debemos aceptar a los demás, no despreciarlos, ni herirlos por más negligentes que puedan ser; pues estos nos deben recordar constantemente al verlos, nuestra propia negligencia e ignorancia ante el universo, ante Dios.

Dios creó este mundo con la mejor de las pacíficas intenciones.

Imagino hubo dicho: "Para que las criaturas no compitan, no se peleen ni se maten por mí, que soy la única meta y felicidad verdadera, voy a hacer que solo me alcancen los que nada tengan, o lo hayan perdido todo".

Habrá imaginado Dios que las criaturas resultarían tan celosas unas de otras que igual viven compitiendo entre sí; y en lugar de colaborar entre ellas, se ocultan, se mienten, se roban y hasta se matan por efímeras cosas que no tienen valor alguno para nuestra existencia?, y hasta se sienten orgullosos y superiores...

Para ver las cosas como las vemos solo hace falta una determinada ignorancia. O dicho de otra manera: Solo somos una determinada ignorancia que hace de filtro a la realidad, y hace que veamos las cosas como las vemos.

Cuando la idea le da vueltas a algo comienza la concentración que acumula energía, y que al ser liberada genera el efecto; que vendría a ser la reacción de ese algo a nuestro estar dándole vueltas.

No es que esté mal perseguir el bien. Es que no hay bien para la felicidad que está en todos lados. Ésta no rechaza el mal, es el mal el que no quiere ser feliz de esa manera, y rechaza la realidad, rechaza a Dios, y se aleja de él suicidándose. Es por eso que se debe imitar a Dios en este comportamiento y siempre tratar de sanar al malo y que sea feliz; pero sabiendo que esa felicidad nunca puede venir de mano propia, sino más bien de Dios.

Me parecía que no tenía que aclararlo, pero según nuestro punto de vista, toda persona tiene algún dios. Para los que no creen en dios, su dios es el "No", la negación de todo, hasta llegar a la negación de sí mismos y toda negación. O hacen dioses de sí mismos, o de su voluntad de poder, o voluntad de elección. O hacen de dios una experiencia y la llaman tao, nirvana, logos, espíritu santo. O lo hacen unidad pero le dan un nombre específico y lo diferencian de los demás. Los más graciosos, solo hacen de dios cuanto tienen en sus manos, y pasan su vida juntando piedritas amarillas o transparentes. Todos estos también dioses son, grandes ideas, grandes espíritus, pero el verdadero Dios es uno en todos ellos.

bibliografía

I-Ching - El libro de las mutaciones	2000 ac
Upanishads	1000 ac
La Ilíada y la Odisea – *Homero*	760 ac
Torá	580 ac
Tao Te King - *Lao Tse*	550 ac
El Sutra del diamante y otros – (lecciones de *Buda*)	500 ac
Diálogos y otros – *Platón*	390 ac
Chuang Tzu – *Zhuangzi*	350 ac
Bhagavad Gita	200 ac
La Biblia de Jerusalén – Nuevo Testamento	*33*
El libro tibetano de los muertos - *Padmasambhava*	800
Tratado de la unidad – *Ibn 'Arabi*	1200
Suma teológica – *Santo Tomas de Aquino*	1265
Tratados y sermones - *Meister Eckhart*	1300
El príncipe – *Nicolás Maquiavelo*	1513
Ética demostrada según el orden geométrico - *Baruch de Spinoza*	1677
Teoría de la naturaleza, Fausto y otros - *W. Von Goethe*	1832
Elogio de la vida salvaje, Walden y otros - *Henry David Thoreau*	1854
Rimas y leyendas - *G. A. Bécquer*	1870
Así hablaba Zarathustra y otros - *Friedrich Nietzsche*	1891
Curso de lingüística general - *Ferdinand de Saussure*	1913
La vida divina - *Sri Aurobindo*	1914
En busca del tiempo perdido - *Marcel Proust*	1922
Ensayos sobre Budismo Zen - *D. T. Suzuki*	1927
Todo y nada - *Macedonio Fernández*	1972
El Tao de la física - *Fritjof Capra*	1975
Sinergética - *Hermann Haken*	1981
Adiós a la filosofía y otros textos - *E. M. Cioran*	1991
La visión de los Rishis - *Swami Dayananda*	1995

El dato de los años de los pensadores es una aproximación
con la sola intención de crear una línea de tiempo de referencia.